SUSAN KRELLER

Schneeriese

HSA 2020

Baden-Württemberg

Die Seitenangaben beziehen sich auf folgende Textausgabe:
Susan Kreller, *Schneeriese*
Carlsen Verlag 2016
ISBN 978–3–551–31564–9

Christel Metzger

Krapp & Gutknecht

Kopiervorlage zur Erstellung von Figuren-Porträts

„Was gibt es da nicht zu verstehen?“ – Das fragt Stella Adrian etwas forsch.

In der Tat versteht Adrian, der Protagonist und „Schneeriese“ im gleichnamigen Roman, irgendwann gar nichts mehr – auch nicht sich selbst. Wie es dazu kommen konnte und welche Wendungen dieser Zustand nimmt, erschließt sich bei der Lektüre dieses feinsinnigen Romans und der Begleitung durch das Hörbuch.

Schneeriese versammelt aktuelle und zeitlose Themen: Alterität in vielen Ausprägungen wie ein körperliches Merkmal (Groß- oder Hochwuchs), Erwachsenwerden, Liebe – Freundschaft, verschiedene Beziehungen (Familie, Verwandte, Nachbarschaft), Flucht und Migration, Kultur und Tradition, Zeichenkunst und Musik. Zwischen diesen Aspekten bestehen Zusammenhänge, die zu einem tieferen Verständnis für die Figuren und deren Lebensumstände beitragen. So meint etwa der Oberbegriff *Liebe* nicht nur diejenige zwischen Menschen, sondern z. B. auch die Hingabe etwa an die Esskultur oder das Heimatland (Tamar und ihre Familie) usw.

Im Unterricht oder in Lernarrangements mit selbstorganisiertem Lernen ist die jeweils individuelle Auseinandersetzung der Leserinnen und Leser mit den Inhalten genauso wichtig wie der Austausch in der gesamten Lerngruppe über diskussionswürdige Aspekte. Dabei wird vor allem Ungewohntes für Neuntklässler von Interesse sein: Umgang mit körperlicher Auffälligkeit auf der einen oder Georgien, die politische Lage einer ehemaligen Sowjetrepublik, Blutrache usw. auf der anderen Seite. Freundschaft und Liebe fordern je nach Lerngruppe Sensibilität, da manche Neuntklässler sich nicht gerne mündlich dazu äußern. Vorlesen durch Sie, liebe Lehrerinnen und Lehrer, vorbereitetes (also auch angekündigtes) Vortragen durch Schüler und eingespielte Passagen des ebenfalls vom Verlag angebotenen Hörbuchs entlasten diese Scheu und sorgen für Abwechslung.

Die Zielsetzung des Kapitels ist vorrangig die Sicherung des Textinhalts im Hinblick auf den zweiten Pflichtteil der Hauptschulabschlussprüfung. Die Schüler müssen Fragen zum Text beantworten. Darüber hinaus wird eine produktive Schreibaufgabe verlangt. Zu beiden Bereichen liegt Ihnen mit dem Schülerband *Sicher zum Hauptschulabschluss Deutsch Baden-Württemberg* umfangreiches Übungsmaterial vor. Hier ein Überblick:

Pflichtteil A2: Susann Kreller, *Schneeriese* (Den Schülern liegt das von Ihnen gesichtete eigene Exemplar vor.)	Zeit: ca. 45 Minuten 25 Punkte (= ¼ der Gesamtpunktzahl)
Fragen zum Text (Musteraufgabe 13 Punkte):	z. B. Gedanken zum Titel, inhaltliche Überblicksaufgaben usw.
Produktives Schreiben (Musteraufgabe 12 Punkte):	gestaltende Aufgaben wie z. B. Brief, Tagebuch usw.

Das Kapitel *Schneeriese* und die ausführlichen Lösungsvorschläge in diesem Heft sollen Ihnen Lese-Appetit und Mut machen, ein größeres Lese- und ein überschaubares Schreibpensum mit Ihren Schülern anzugehen.

„Was kann da schon drinstehen [...] in so einem Buch“, sagt das Kind in Marieluise Kaschnitz’ Kurzprosa „Das letzte Buch“[1] achtlos vor sich hin. Es stehen erstaunliche Dinge *in so einem Buch* – Dinge, die einen das Leben lang begleiten können. Dinge, die dem Leser Wege aufzeigen können. Dinge, die Mut machen, sich nicht aufzugeben. Dinge, die Jugendlichen auch zeigen, wie wichtig das Vorlesen, ja, das Lesen überhaupt ist.

Ihnen und Ihren Schülern wünsche ich eine jenseits von „Pflichtlektüre“ intensive, bereichernde Leseerfahrung und vor allem viel Erfolg bei der damit verbundenen Prüfungsvorbereitung.

1 Kaschnitz, Marie Luise: Steht noch dahin. Suhrkamp 1972. S. 75.

ERARBEITUNG UND ERSCHLIESSUNG

Inhalt des Romans

Adrian Theiß, den Protagonisten, und die Nachbarstochter Stella Maraun verbindet nicht nur eine sehr enge Freundschaft, sondern räumlich gesehen auch eine gemeinsame Terrasse der beiden Nachbarshäuser im ersten Stock. Dort befindet sich die alte Hollywoodschaukel, gewohnter und geliebter Treffpunkt für die Märchen-Vorlesestunden mit Stellas Großmutter Helene Maraun, genannt Misses Elderly. Diese Zeiten mit den Märchen Hans Christian Andersens, allen voran *Die Schneekönigin*, prägen die Kindheit Stellas und ganz besonders Adrians, sogar noch in seinen Erinnerungen als Jugendlicher. Sie bewirken zudem eine sehr enge und vertrauensvolle Beziehung zwischen allen drei Figuren.

Der einzige Sohn des Ehepaars Theiß ist wie seine Eltern großwüchsig und mit seinen 14 Jahren bereits 1,94 m groß. Vier Zentimeter unterschlägt er seit einiger Zeit, auch weil er der wachstumshemmenden Hormontherapie entgehen will, die seine Mutter für ihn möchte. Der Spitzname „Einsneunzig", den Stella für ihn als Schutz vor Mobbing in der Schule und Ersatz für seinen Vornamen verwendet, kaschiert sein körperliches Wachstum überdies.

In Rückblenden aus der Sicht Adrians werden gemeinsame Kindheits- und frühe Jugenderlebnisse der beiden erzählt, die zum einen den Humor der Freunde und zum anderen deren Freizeitbeschäftigungen beleuchten: z. B. Stellas Sammelleidenschaft für Rekorde von Größen und Längen und Adrians Zeichenkunst sowie die gemeinsamen Fernsehkrimizeiten. Allmählich erschließt sich auch die aufkeimende erste Liebe Adrians, die er Stella aus Scheu und Befangenheit, Furcht vor ausbleibender Erwiderung und fehlendem Selbstbewusstsein nicht bekennen kann.

So wird ausgerechnet ein bislang fremder, alter, pflegebedürftiger Georgier, namens Waliko, von Adrian ins Vertrauen gezogen. Die neu ins sogenannte „Dreitotenhaus" eingezogenen Nachbarn Bendeliani sind Flüchtlinge aus Swanetien, einer Region im Norden des fernen Georgien. Die Furcht vor einer Blutrache bedingt zunächst die Auswanderung der Kernfamilie (des Ehepaars Tamar und Wachtang mit ihren Kindern Dato und Nino) und viele Jahre später die illegale Verbringung des hinfälligen Vaters nach Deutschland. Die Sorge vor Verrat des unrechtmäßigen Mitbewohners treibt die Familie um.

Der Einzug der Familie in einer Novembernacht wird von den neugierigen Nachbarn Stella und Adrian beobachtet. Sie vermuten hinter dem auf einer Bahre Transportierten eine Leiche und wähnen sie als vierten Toten in einem Haus, das wegen dreier Toten in kürzerer Zeit den Beinamen „Dreitotenhaus" trägt. Dem Rätsel um den vermeintlichen Toten wollen die beiden durch den ersten Besuch bei den Bendelianis auf die Spur kommen. Doch entdeckt Stella etwas ganz anderes, nämlich ihre Liebe zu Dato, dem etwa 15 oder 16-jährigen Nachbarssohn. Zwischen beiden entsteht eine Liebesbeziehung. Bei mehreren Besuchen nimmt Adrian Stellas Veränderung wahr. In der Szene im Schnee wird das bildhaft deutlich: Stella malt mit ihrem Körper einen Engel in den Schnee, woraufhin sich Adrian, ohne Flügel nachzuahmen, als *Schneeriesen* abzeichnet. Adrian lernt in der Folgezeit widerwillig, da er den für seine Begriffe viel zu geschniegelten Dato verachtet, die Familiengeschichte der Bendelianis, die Kultur Georgiens und vor allem die Familienmitglieder selbst kennen.

Die Veränderung Stellas wirft Adrian jedoch völlig aus der Bahn und er gerät förmlich außer sich. Er benimmt sich bei den Nachbarn daneben und meidet den Kontakt zu Stella, beobachtet sie jedoch.

Tragischer Höhepunkt dieser Leidenszeit ist die eisig kalte Heilige Nacht desselben Jahres (ca. 2013?), in der Adrian Stella zum ersten Mal wieder besuchen will. Ihre Abwesenheit von der traditionellen Bescherung im Hause Theiß und die verschlossene Verbindungstür zum Nachbarhaus bedingen sein allmähliches Erfrieren auf der Hollywoodschaukel. Vielleicht ist es ein Zufall, der Adrians Vater den Sohn vermissen lässt und ihn auf die Terrasse führt. Er rettet den Sohn vor dem sicheren Tod und pflegt ihn fortan gemeinsam mit Adrians Mutter, mit der in dieser Zeit eine spürbare Veränderung zu mehr Verständnis und Empathie vor sich geht.

Adrian kommt dank dieser intensiven Zuwendung wieder zu Kräften und will sich bei den Bendelianis entschuldigen. Unversehens und ausgerechnet er wird in der Neujahrsnacht zu einer mythisch-mystischen Figur der georgischen Tradition, dem Mekwle, einem Glücksbringer, für die Familie.

Er trifft auf Datos und Ninos Großvater Waliko. Der alte, kranke Mann bringt Adrian auf eindrucksvolle Weise zum Reden, obwohl Waliko kein Deutsch versteht. Adrian gesteht ihm während einer Art Trinkzeremonie die Liebe zu Stella. Damit befreit sich der von Liebeskummer und Eifersucht Gepeinigte aus seinem bisherigen inneren Gefängnis. Adrian fasst neuen Lebensmut.

Nach einem langen Winter wagt er sich an einem warmen Apriltag erstmals wieder auf die Terrasse. Er setzt sich auf die Hollywoodschaukel zu Misses Elderly, die wie andere auch durch sein unberechenbares Verhalten während seiner Krankheits- und Leidenszeit verstört und verletzt wurde. Beide kommen sich zaghaft wieder näher. Höhe- und Wendepunkt dieser Schlussszene ist das Erscheinen von Stella, die Adrian nach kurzem Gespräch – fast im alten ironischen Ton – ihr seit Jahren (2010) handschriftlich geführtes Schulheft überreicht: *Das weltberühmte Buch der großwüchsigen Dinge*. Adrian erkennt den Wert wahrer Freundschaft und der Familie. Und er kann sich wieder freuen: Das bewirkt Stellas humor- und liebevolle Widmung.

Hinweise zur Vorgehensweise

Da die neue Prüfungsordnung ab 2020 eine Ganzschrift als Pflichtlektüre für einen Teil der dreigliedrigen Hauptschulabschlussprüfung vorsieht, empfiehlt sich eine enge Anlehnung an die aufgabengeführte Erschließung des Romans.

Einen **Vorschlag zur Stoffverteilung** erhalten Sie kostenpflichtig auf der Website des Verlags Krapp & Gutknecht.

Die Einheit würde im November starten, zumal der Großteil der Romanhandlung in der erzählten Zeit von November bis April angesiedelt ist.

Ein **Advance Organizer** als erweiterbare und prozessbegleitende Visualisierung mit Elementen aus dem Schülerheft eignet sich als Planungs- und Orientierungsübersicht. Dazu geben die Kopiervorlagen (S. 7–8) und die Georgienseite optische Anregungen.

Individualisiertes und differenziertes Vorgehen

Sollte ein Konzept selbstorganisierten oder individualisierten Lernens etabliert sein, so können die jeweiligen Kapitelübersichten des Schülerhefts als eigenständige Erarbeitung verwendet werden.

Zur weiteren Differenzierung ist eine Verteilung der jeweiligen Aufgaben in Wahl- und Pflichtarbeitsaufträge denkbar. Dies kann im Sinne einer selbstgesteuerten Entscheidung der Schülerinnen und Schüler durchgeführt werden. Alternativ können aber auch schwierigere Aufgaben, die ein höheres Reflexionsniveau voraussetzen, in den Wahlbereich geschoben werden.
Damit sind v. a. folgende Aufgaben gemeint:

Den Inhalt erschließen und sichern
S. 18 d) und e); S. 21 c); S. 22 c) und d); S. 23 k); S. 24 b) als Partnerarbeit mit leistungsstärkerem Leser; S. 26 c), e) in Partnerarbeit, g) in Partnerarbeit; S. 27 mit Bedeutungswörterbuch oder Worterklärungen und Partnerarbeit; S. 28 c) in Partnerarbeit; S. 29 b) und d) mit stärkerem Lesepartner; S. 30 b), f), h) mit Partner; S. 31 c) mit Partner; S. 32 e) und f) mit Partner; S. 33 c); S. 35 d) mit Partner, e), b) mit Worterklärung, Bedeutungswörterbuch und/oder Partner; c) mit Partner; S. 36 e); g) mit Partner; S. 37 d) mit Partner oder als Lückentext aus dem Lösungsvorschlag; f), e); S. 39 f) mit Partner; S. 40 e) und f) mit Partner, b), c); S. 41 d) evtl. mit Auswahl aus dem Lösungsvorschlag (zusätzlich unpassende Begriffe einbauen), b) c), e) mit Partner; S. 42 d) und e) mit Partner, f); S. 43 b) mit Partner, d) evtl. als Lückentext aus dem Lösungsvorschlag; f) und g) sowie h) mit Partner.

Produktives Schreiben
S. 58 a) mit leistungshomogener Kleingruppe, b) Stichpunkte aus Lösungsvorschlag ungeordnet vorgeben und eintragen lassen, c) mit Bedeutungswörterbuch oder Internet-Zugang; S. 59 a) Textbeispiel mit Markierungen vorgeben und evtl. eine Auswahl für verbesserte Lösungen vorgeben, b) mit Schreibpartner; S. 60 c) Schwierigkeiten markieren und mit Gruppe besprechen; S. 61 geeignet für schwächeres Schreibniveau: Brief 1, Tagebuch 1, S. 62 f) mit Schreibpartner.

Bildungsplanbezug produktives Schreiben

Der baden-württembergische Bildungsplan 2016 Deutsch Sekundarstufe I[2] verweist im inhaltsbezogenen Standard 5/6 G(12) auf produktive Schreibformen wie „z. B. **Texte weiterschreiben, szenisch gestalten, Dialoge verfassen** [...]“. Im Sinne des curricularen Aufbaus gehören diese Formen ebenso zu den Anforderungen an die Abschlussprüfung wie auch die im Standard 7/8/9 G(15) benannten produktiven Schreibformen „z. B. **Paralleltext, Brief, Tagebucheintrag**“ (S. 42). Ergänzend dazu sind in den „Zentralen Schreibformen“ (S. 45) produktive Schreibverfahren wie „z. B. **umschreiben, weiterschreiben, ausgestalten**“ aufgeführt.

Die bislang in der Realschulabschlussprüfung geforderten Schreibaufgaben bezogen sich auf Fortsetzung („weiterschreiben“); Brief, Tagebucheintrag, Dialog, innerer Monolog („umschreiben“, „ausgestalten“).

Da explizit auf Beispielhaftigkeit verwiesen wird („z. B.“), und im Sinne des curricularen Aufbaus, der **nachhaltigen Kompetenzerwerb sichern** soll, ist es durchaus **möglich**, dass auch der **Dialog** und der **innere Monolog** Prüfungsstoff sein können.

Trotz bisweilen geäußerter Kritik von Lehrkräften, die sich auf eine als schwierig empfundene Bewertbarkeit produktiver Texte bezog, waren die lektüregestützten Aufgaben bei der Schülerschaft sehr beliebt – auch und gerade in der Abschlussprüfung. Kriterien- und Rückmeldebögen sowie Unterrichtsmaterialien wie auch vom Verlag Krapp & Gutknecht erleichterten den Umgang mit dieser postulierten „Problematik“.

Insofern werden hier auch die Formen Dialog und innerer Monolog angeboten. Vorzugsweise der innere Monolog kann als wesentlicher Beitrag zum Perspektivwechsel und einer feineren Empathie gesehen werden. Aufgaben mit Gedankenblasen zu Figuren ermöglichen diesen Einstieg auf einfachem Niveau. So könnte ein Gedankenfluss eine etwas weniger hochgesteckte Variante des inneren Monologs darstellen. Leerstellen einer literarischen Vorlage mittels eines Dialogs zu füllen gehört zu den verbreiteten Verfahren handlungs- und produktionsorientierten Deutschunterrichts – also auch des Bereichs Schreiben.

Zur Produktivform **Paralleltext**: Der Verzicht auf einen Paralleltext zur Basislektüre *Schneeriese* ergab sich aus dem Mangel an passenden Textstellen. Allenfalls hätte sich das Einstiegskapitel zu Stellas Augen geeignet. Doch besteht die Gefahr, dass eine Umsetzung entweder ein regelrechtes „Ausbeinen“ der Textvorlage wäre oder aber eine nur leicht modifizierte Adaption entstünde. Der Paralleltext fand bislang im Deutschunterricht erfahrungsgemäß eher bei lyrischen Texten Anwendung. Nur selten wurden Anregungen zu derartigen Modifikationen von Kurzprosa (geschweige denn von Romanauszügen) vorgeschlagen[3] bzw. praktisch umgesetzt. Zudem wird eine kriterienorientierte Bewertung aufgrund der Nähe zur Vorlage als problematisch empfunden. Der faktisch kreative bzw. eigenständige Anteil kann je nach Vorlage sehr gering sein.

Zusammenfassend lässt sich vermuten, dass dieser Standard nicht nach Gattungen differenziert, daher also nicht zu erwarten ist, dass in der schriftlichen Prüfung eine Aufgabe zum Schreibmodus Paralleltext gestellt wird.

Einsatz des Hörbuchs

Als Gewinn und Förderung multipler Zugänge zum literarischen Text erweist sich der Einsatz von Hörbüchern, nicht zuletzt auch als Unterstützung eher leseschwächerer Schülerinnen und Schüler.

Folgende beispielhaften Einsätze werden vorgeschlagen, wobei stets von Textauszügen ausgegangen wird:

- Antizipieren (weiterdenken und über den möglichen Handlungsfortgang sprechen)
- handlungs- und produktionsorientierte Verfahren (szenische Umsetzung, Figurenbefragung, Standbild usw.)
- Lesevortrag durch Schülerinnen und Schüler nach dem Hören (Vorleseförderung; Lesefertigkeit)
- Hörauftrag mit besonderem Fokus (Visualisierung des Hörauftrags)
- Abwechslung zum Lesevortrag der Lehrkraft
- Festigung und Wiederholung des Leseverständnisses durch erneutes Hören des Gelesenen

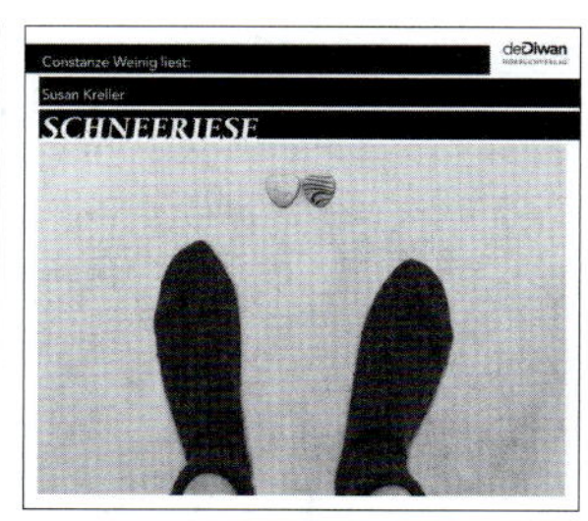

Hörbuch
Susan Kreller, *Schneeriese*

derDiwan Hörbuchverlag
Sprecherin: Constanze Weinig
350 Min. auf 6 CDs
ISBN 978-3-941009-64-6
Bestell-Nr. HörSchneeriese

2 Bildungsplan Baden-Württemberg 2016 Sekundarstufe I Deutsch. Stuttgart: Kultusministerium Baden-Württemberg 2016.
3 Christel K. Metzger: Dinge behalten, verlieren, erinnern. Lern- und Leistungsaufgaben zu autobiografischer Kurzprosa. In: Spinner, K. H. (Hrsg.): Neueste Kurzprosa. Praxis Deutsch, Heft 249. Seelze: Erhard Friedrich Verlag in Zusammenarbeit m. Klett 2015, S. 26-33.

Kopiervorlagen

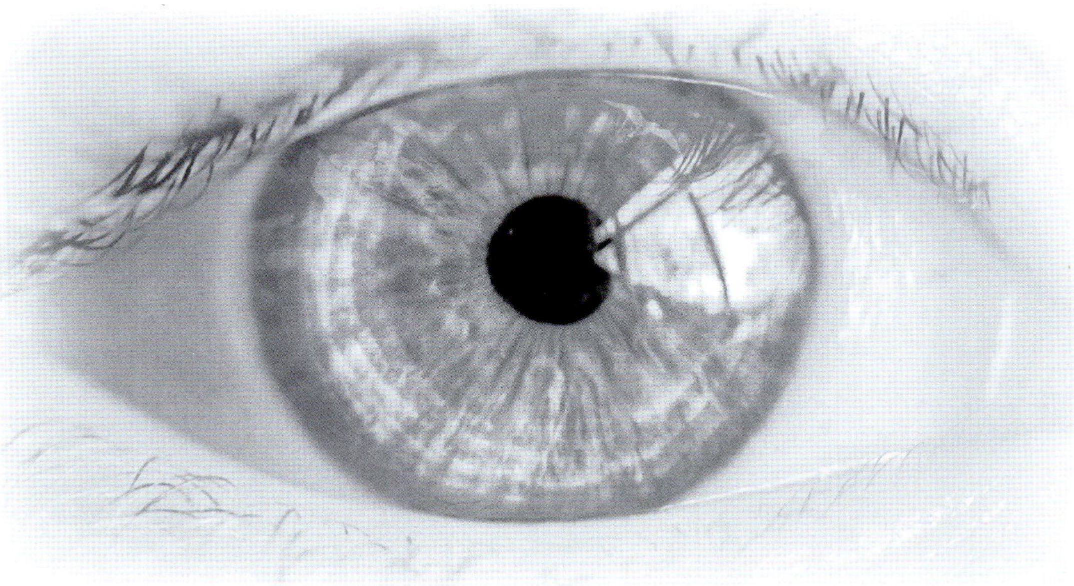

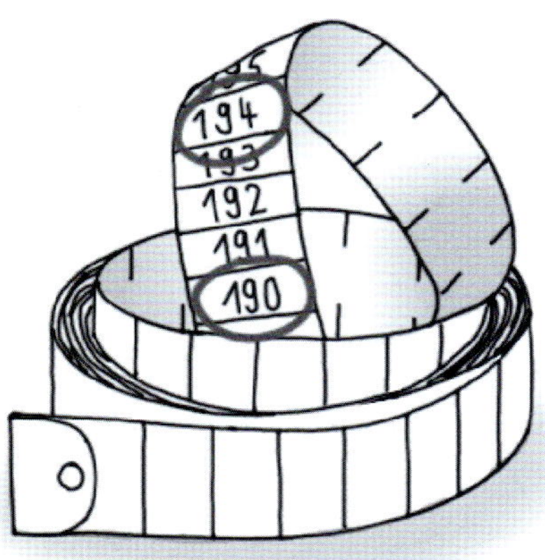

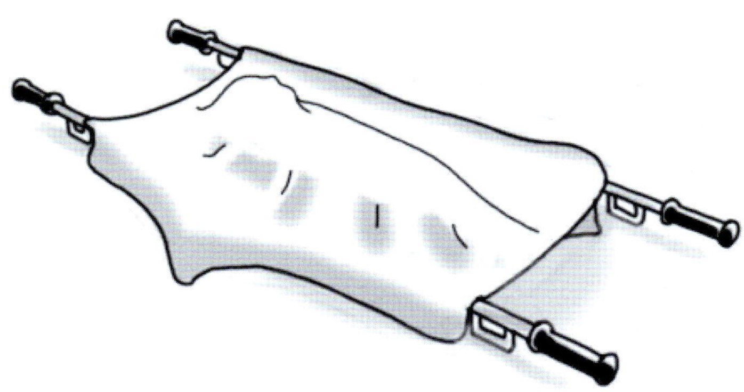

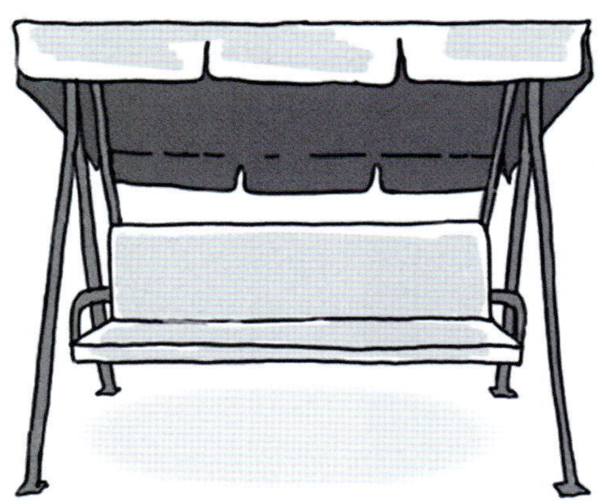

Kopiervorlagen

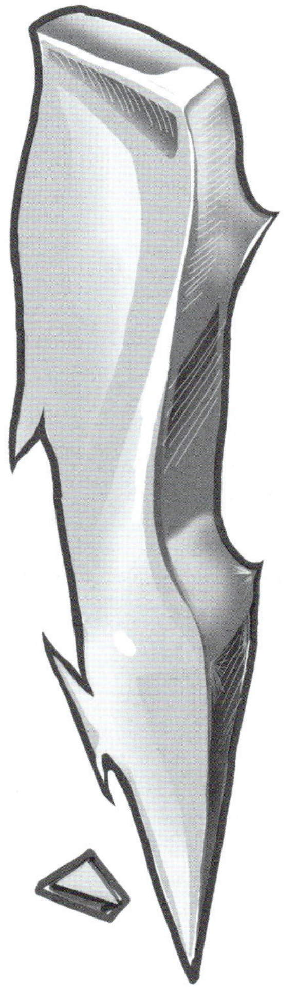

Lösungsvorschläge

Erste Begegnung mit dem Buch

Aufgaben

S. 17

a) Eindrücke und Gedanken

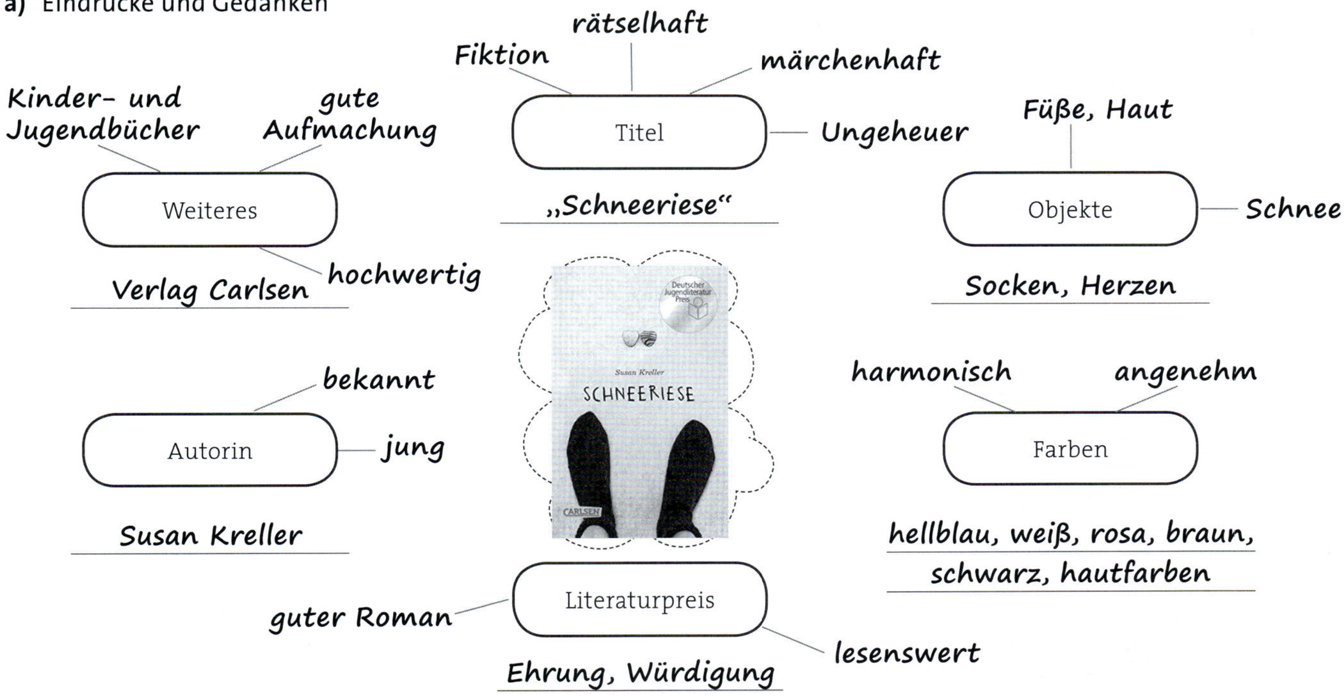

b) Individuelle Lösung: Möglicherweise geht es um einen Yeti, ein Ungeheuer aus einem fremden Gebirge. Oder hat „Schnee" etwas mit Drogen zu tun?

c) Beziehung zwischen Adrian und Stella: Für Adrian ist Stella der wichtigste Mensch außer seinen Eltern.
Besondere Ausdrucksweise *„zwei Stück Eltern"*: sehr witzig, humorvoll

d)

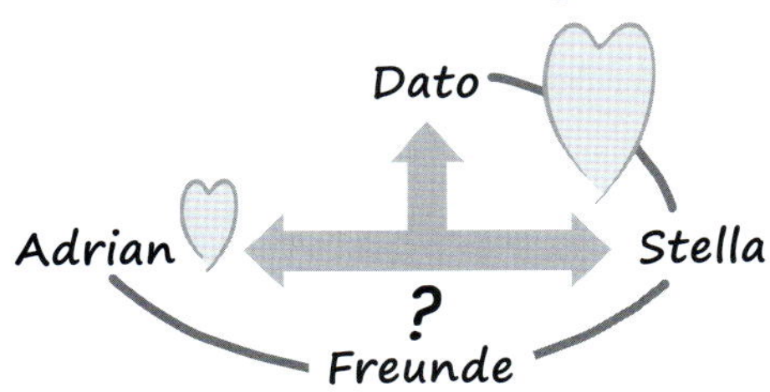

Den Inhalt erschließen und sichern

Kapitel 1 | S. 9 *Stellas Augen*

S. 18

Ort: *unbekannt*

Figuren: *„er", Stella Maraun*

Themen/Inhalte: *bildhafte, sehr genaue Beschreibung von Stellas blauen Augen*

a) Arbeit mit dem Hörbuch vgl. Kapitel „Einsatz des Hörbuchs" (S. 6)

b) s. o. – Verstetigung dieser Kapitel-Orientierung

c)

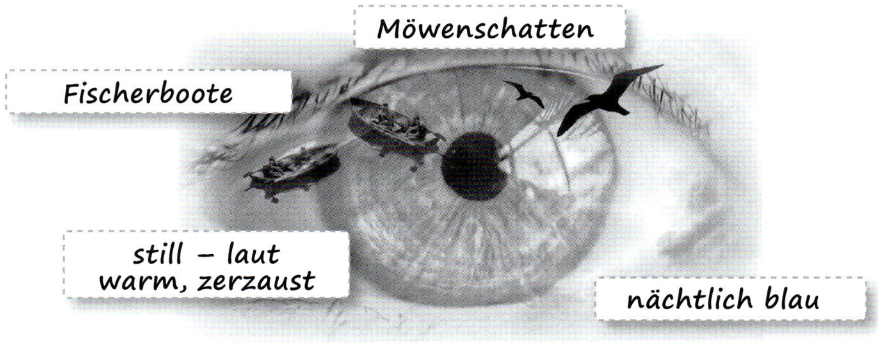

d) Der später erwähnte „Er“ würde das sagen – er tut es aber nicht.

e) Es scheint, als sei es ein Kommentar der Autorin. Es handelt sich um einen Erzähler innerhalb des Textes. Mit „er“ ist Adrian gemeint, der Stellas Augen genau beschreiben könnte.

Kapitel 2 | S. 10–22 *Stella und Adrian; Verdächtiger Einzug*

S. 19–20

Ort: *Adrians Zimmer, Stellas Zimmer*

Jahres-/Tageszeit: *Spätherbst, nachts*

Handelnde Figuren: *Adrian = „Einsneunzig“ und Stella*

Erwähnte Figuren: *Adrians Mutter, Misses Elderly (Stellas Großmutter), Stellas Mutter, viele Menschen (beim Umzug), eine dunkelhaarige Frau mit Mädchen (fünf-sechs Jahre alt), ein „Toter“ („Leiche“)*

Themen/Inhalte: *Adrians Größe, die Freundschaft zwischen ihm und Stella, Erinnerungen an die Kindheit, die Wohnsituation, das „Dreitotenhaus“ und der Fluch, der Einzug, die Leiche*

b) **Diskussion zu *„Einsneunzig“*:** Zunächst herrscht Verwunderung über einen solchen Kapitelbeginn. Durch die Wiederholung und die Verbindung mit einer angesprochenen Person wird deutlich, dass es sich um einen Namen, einen Über- oder Spitznamen handelt. Mit solchen Über- oder Spitznamen, die auch wie in diesem Falle Schimpfwörter sein können, werden oft körperliche Eigenschaften verbunden. Ungewöhnlich ist es, die Körpergröße mit einer Bezifferung ins Spiel zu bringen.
Die Herkunft dieses als Schimpfwort gebrauchten Namens stammt aus der Schule; Stella schwächt dessen Wirkung auf nette, humorvolle Weise ab, indem sie ihn als Anrede verwendet und auch Misses Elderly davon überzeugen kann. (vgl. S. 18, Z. 21 – S. 19, Z. 20) Auf S. 19 wird auch deutlich, dass Adrian v. a. seine Mutter über die Tatsache hinwegtäuschen kann, dass er seither vier Zentimeter größer ist.

Hinweis für die Lehrkraft: Es kann durchaus lohnenswert sein, solche Übernamen oder Schimpfnamen zu thematisieren, die teils auch Metaphern sind (Adrians Mutter wurde „Bohnenstange“ genannt; alleine „Kleiner“ oder „Großer“ kann schon beleidigend sein). Manche Menschen halten es für liebevoll, ihren Partner „Maus“ oder „Spatz“ zu nennen. Eine Sammlung solcher Namen in der Lerngruppe schärft das Bewusstsein für den eigenen Namen.

c) Stella beobachtet nachts den Einzug einer Familie in das Haus gegenüber, das als „Dreitotenhaus“ bezeichnet und mit einem Fluch beladen angesehen wird.

d) Die Häuser der beiden Familien sind über eine Terrasse verbunden. Beide haben bislang immer Zugang zum jeweiligen anderen.

e) **Hinweis für die Lehrkraft:** Fortan soll selbstständig mit der Visualisierung auf den Seiten 44–45 gearbeitet werden. Diese kann auch mit eigenen Notizen ergänzt werden.

g) linke Seite:

- „höchste Aussichtsplattform der Welt" (Shanghai) (S. 15, Z. 8) als Anspielung auf den Beobachterposten bei Stella
- Wodka-Kisten: zumindest mutmaßlich Wodka, wie Stella relativiert. Sie bringt den Alkohol mit Misses Elderly in Verbindung. Der Leser kann aus dem Zitat, „dass sie aus der Sache raus" sei, entnehmen, dass ihre Großmutter mit „der Sache" zu tun hatte. Dieser Alkohol-Konsum wird im Folgenden näher erläutert und ironisch mit „Schnapsideen" bezeichnet. Ihre plötzliche Abstinenz wird nicht erklärt, was ein weiteres Spannungselement darstellt. Die Kisten gehören den Nachbarn und werden in das Haus transportiert.
- Maßband: Es zeigt die Maße 190 und 194. Der Zusammenhang ist bereits erläutert.
- Hollywoodschaukel: S. 13 (Z. 7 und 9) – „Sie hatten dort Jahr für Jahr überwintert" und „übersommert".
  Im Folgenden wird Misses Elderly als Vorleserin beschrieben.

rechte Seite:

- Stella auf ihrem Wachposten mit dem Fernglas. (S. 14, Z. 30) Das Drei- oder vielleicht schon (?) Viertotenhaus übt eine magische Anziehungskraft auf die beiden aus.
- Die mutmaßliche Leiche oder der Tote auf der Trage regt Stellas Fantasie für Mysteriöses an. Adrian reagiert recht gelassen und stellt ironisch fest, dass nun eine Leiche in der Nachbarschaft neben ihnen „wohnt". (S. 22)
- Der Bugs-Bunny-Schlafanzug (S. 11, Z. 8 – S. 12, Z. 13) dient in seiner durch Adrians Wachstum geschrumpften Version als Alibi und als Ablenkungsmanöver für Adrians Mutter, die mit Adrian aus bestimmten Gründen Arztkontakt hat.
- *Die Schneekönigin* von Hans Christian Andersen ist eines der am meisten vorgelesenen Märchen, das Stella und Adrian von Misses Elderly in der Kindheit vorgelesen bekommen. Ihr Vergleich zu Kay und Gerda, den beiden Märchen-Protagonisten, bezieht sich in diesem Kapitel auf die Verbindungen: die „Dachrinne" dort und hier zwischen den beiden Häusern die Terrasse.

Kapitel 3 | S. 23–33 Adrian und seine Größe, Sorgen der Mutter

S. 21

Ort/-e: *bei Adrian zu Hause, Stellas Zimmer*

Monat/Tageszeit: *Haupthandlung – Anfang November, Nachmittag*

Handelnde Figuren: *Adrian, Adrians Mutter und Stella*

Erwähnte Figuren: *Adrians Arzt, Misses Elderly*

Themen/Inhalte: *„Hollywoodschaukelgemeinschaft", Adrians Einstellung zu seiner Größe, Sorgen der Mutter, Erinnerungen an die Kindheit, Aufbruch zum Besuch bei den Nachbarn mit Stella*

b) Richtig: 2, 3, 5, 8, 9, 10

c) **Individuelle Lösung**. Beispiel: *Ach, jetzt ist meine Mutter wie geschrumpft. Warum auch lässt sie sich so erdrücken von meiner Größe, ja, meine Größe. Ich bin das – nicht sie ... Traurig sitzt sie jetzt da ... Aber was soll's? Der Arzt interessiert mich nicht. ... Endlich wieder Luft! Das ewige Thema meiner Mutter – zum Ersticken. ... Ich will zu Stella. Mich interessiert nur Stella, Stella. Auf zu Stella! Nicht mehr dran denken ... Frei sein ...*

Kapitel 4 | S. 34–42 Besuch im „Dreitotenhaus", Stellas Veränderung, Adrian – flügellos

S. 22–23

Ort: *„Dreitotenhaus", im Freien (Schnee)*

Monat/Tageszeit: *derselbe Tag im November, spätnachmittags (vgl. S. 32)*

Handelnde Figuren: *Adrian, Stella, Dato, Tamar, Nino*

Erwähnte Figuren: *versteckter Mensch*

Themen/Inhalte: *Kennenlernen Datos und seiner Familie, Eindrücke georgische Sprache/Kultur*

b) Dato ist fünfzehn bis sechszehn, nur wenig größer als Stella. Auffälligkeiten: „abenteuerlich geschwungene Brauen, schwarze Augen", „leichter Flaum", „Grübchenkinn"; „maßgeschneidert", „schönäugig" (S. 34, Z. 6–14); spricht „akzentfrei" (S. 35, Z. 4).

c) Adrian nimmt einen „Eissplitter" in Stellas Augen wahr. Von einem Augenblick zum andern ändert sich sein Leben, als er Stellas Blick für Dato beobachtet. (S. 34, Z. 18 bis S. 35, Z. 1).

d) Die Metapher „Eissplitter" vermittelt Adrians Eindruck von einem kalten und schmerzlichen Störfaktor. Es könnte auch ein Keil in ihrer freundschaftlichen Beziehung sein. In der Beschreibung von Stellas Augen ist von Wärme, nicht von Kälte die Rede.

f) Es werden die Familienmitglieder Dato, Nino und Tamar eingetragen. Nähere Angaben können ebenfalls ergänzt werden.

g) Recherche-Impulse: die Namen, v. a. Tamar (historisch bedeutsam), georgische Sprache, evtl. auch Schrift, „Heiligen-Täfelchen", georgische Gerichte Chatschapuri, Chinkali, Kakao-Zubereitung, Salz mit Bockshornklee

h) Er wird wütend, da er meint, Dediko sei ein Vorname. Stella lacht mit der Familie mit, als verstünde sie das Missverständnis. Als Dato ihn quasi vorführt, ist er bitter enttäuscht von Stella und vermutlich auch über Dato erzürnt.

i) Er findet das Essen und den Kakao unübertrefflich, sensationell, als Bestes, was er je zu sich genommen hat. Er vergisst sich fast in deren Genuss.

j) Es mehren sich Eindrücke, die auf eine versteckte Person hinweisen könnten. Stellas Verhalten ist auffällig, fast so, als wisse sie etwas. Tamars Zeichen in Bezug auf Stella wirkt so, als müsse der Besuch beendet werden, was dann tatsächlich erfolgt.

k) Dato ignoriert Adrian und spricht nur mit Stella. Der Vorwand, das georgische Salz müsse bezahlt werden, soll ein Wiedersehen mit Stella ermöglichen.

l)

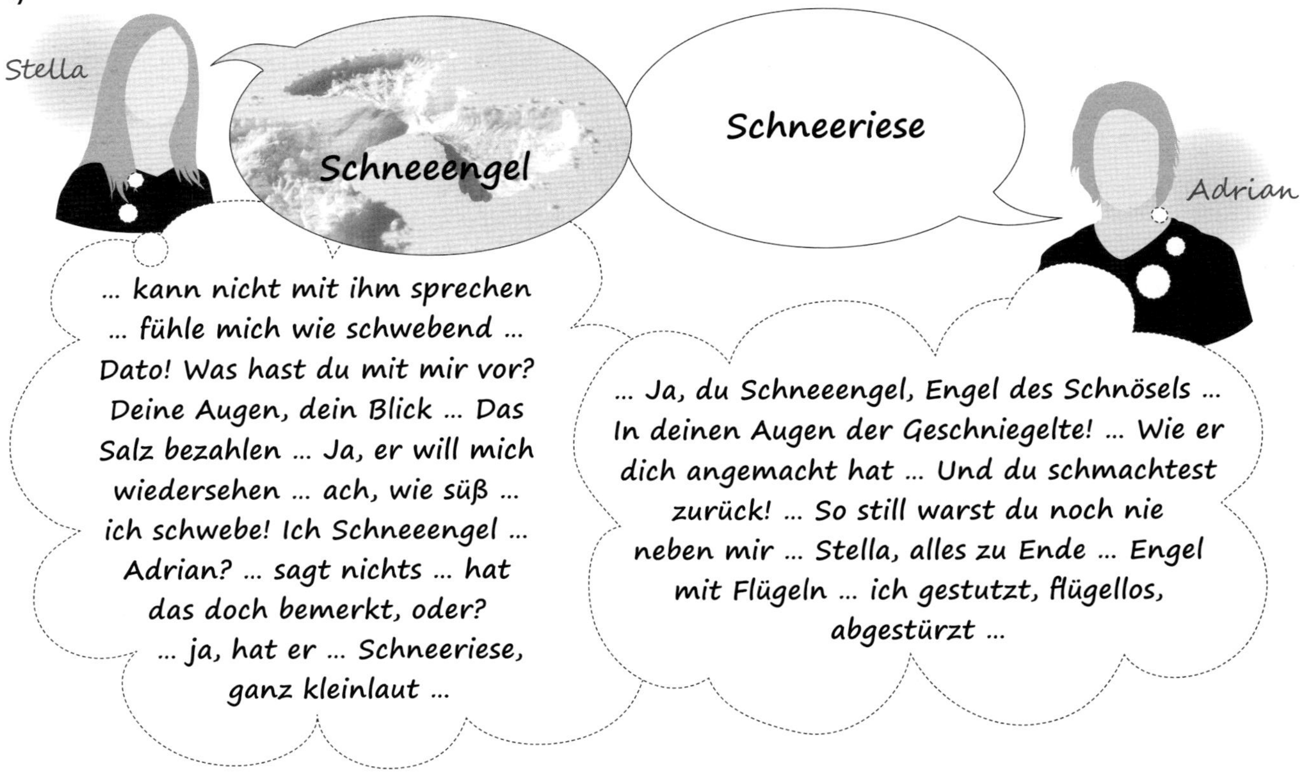

Kapitel 5 | S. 43–48 *Adrians Gedanken, Die siamesischen Häuser und ihre Bewohner*

S. 24

Ort: *Adrians Zimmer (?)*

Zeitabstand: *zwei Wochen (November)*

Handelnde Figuren: *Adrian*

Erwähnte Figuren: *Stella, Misses Elderly und ihr „längst verjährter Ehemann" (S 44, Z. 11) sowie drei Kinder, Stellas Mutter, Adrians Eltern; „der Bartersatz und die gefälschte Schwester" (S. 46, Z. 17 f.), Stellas Stiefvater Veit und ihre einiges ältere Stiefschwester; der „Schnösel" Dato*

Themen/Inhalte: *Vorgeschichte der siamesischen Häuser, Beziehungen der Bewohner, zwei Wochen ohne Stella – nur „Haltestellenmomente" (S. 48, Z. 11)*

b) 1. Adrian hatte von klein auf gedacht, man benötige nur eine Stella, zwei Eltern und allenfalls noch eine Misses Elderly. (S. 43)
2. Die Häuser der Familien Theiß und Maraun waren verbunden „wie siamesische Zwillinge, die sich ein einziges Herz teilten, [...] die alte Hollywoodschaukel auf der Terrasse [...]". (S. 43–44)
3. Die Besitzerin der Gebäude war Misses Elderly, die sie von ihrem ehemaligen Ehemann geerbt hatte. (S. 44)
4. Zuerst wohnten Misses Elderly und ihre Kinder darin. Später zogen ihre Tochter mit Stella und Adrian mit seinen Eltern ein. (S. 44)
5. Stella und Misses Elderly hatten eine gemeinsame Angewohnheit: Sie versteckten sich, wenn sie wütend waren. (S. 46)
6. Zeichnen war für Adrian sehr wichtig, denn es bedeutete ihm „mehr" als Kunst und „die geheimste Art, Stella Maraun zu streicheln". (S. 47)
7. Adrian begegnete Stella zwei Wochen lang nur nachmittags. Diese Augenblicke nannte er für sich „Haltestellenmomente". (S. 48)
8. Was er schmerzlich vermisste, waren vor allem lustige Ansagen von Stella, z. B. „Einsneunzig, lass dein Haupt herunter!" (Z. 17–18) oder „Hochwürden, wo bleiben Sie?" (S. 48, Z. 19–20)

c) **Ergänzungen:** bei Familie Maraun – Stiefvater Veit; oberhalb der beiden Häuser „wie siamesische Zwillinge"

Kapitel 6 | S. 49–57 *Adrian besucht Stella*

S. 25

Ort/e: *Adrians Zuhause, in der Tür zu Misses Elderlys Zimmer, Stellas Zimmer*

Zeit: *November*

Handelnde Figuren: *Adrian, seine Mutter, Misses Elderly und Stella*

Themen/Inhalte: *Unterbrechung der unfreiwilligen Kontaktsperre zu Stella, Misses Elderlys Mahnung, neugierige Fragen an Stella; Adrian drängt sich auf, mit Stella Dato zu besuchen*

b)

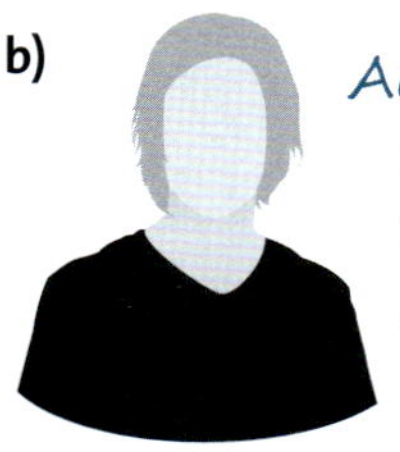

Adrian möchte, dass sie mit ihm spricht und Dinge sagt, die er erwartet (53), verschweigt die Wahrheit: „**keine freie Minute**" (53); „**Anwesenheit**" bei Stella ist beiden „**verhasst**" (55); Wut auf Misses Elderly (57)

Stella: „**neuer Blick**", „**Mundwinkelmomente**", „**klang enttäuscht**" (52), „**Augen [...] leuchteten**" [...] **nicht für ihn bestimmt**" (54), wechselt Gesichtsfarbe („**bleich**") und „**Augen wurden stumpf**" (55)

Misses Elderly: Tipps für Atemtechnik bei Kraftlosigkeit (51); Warnung, nicht rauszugehen (56); „**eine große, runzlige, grauschattige Sorge**" (57) im Gesicht

Kapitel 7 | S. 58–68 Besuch bei den Nachbarn

S. 26

Orte: *Haus der Nachbarn; erwähnt: Uschguli in Swanetien (Georgien)*

Zeitangaben: *derselbe Tag/November; Rückblick Swanetien (unbestimmt), Wachtürme Jahrhunderte alt*

Handelnde Figuren: *Adrian, Stella, Dato, Tamar, Nino, Wachtang*

Erwähnte Figuren: *Märchen-Figuren Kay und Gerda; Tamars Mutter, Dschameki*

Themen/Inhalte: *Adrians vorsichtige Begrüßung durch Tamar, Stellas Schweigen, Datos Direktheit, Tee-Zeremonie, Tamars Rückblick auf Swanetien, Adrians Fehlverhalten*

b) „Großer Junge" drückt aus, dass er zwar „groß" ist (altersmäßig und evtl. von der Körpergröße her), aber sie kennt das Problem, das Adrian in Bezug auf Dato und Stella belastet. Sie zeigt Mitleid und versucht, die Situation zu retten.

c) Tamar „entschärft" die schwierige Lage durch die stille, konzentrierte Zeremonie. Zudem versucht sie abzulenken und eine gewisse Gelassenheit auszustrahlen. Sie teilt aber auch etwas von ihrer Kultur mit Adrian.

d) Mögliche Suchbegriffe: Uschguli, Swanetien, Georgien, Kaukasus, Berg Uschba, Fluss Inguri, Kirchen in Georgien, Wachtürme

e) Tamar sagt während der Tee-Zubereitung zu Adrian: „Du wunderst dich auch." Er gewinnt daher den Eindruck, dass Stella diese Zeremonie bereits kennt, also nicht das erste Mal bei den Nachbarn ist. Er wird wütend und findet, dass Stella nicht hier sein soll. Auch ist ihm seine eigene Anwesenheit unangenehm. Dennoch bricht es regelrecht aus ihm heraus, dass es so viele Tote in diesem Dreitotenhaus gegeben habe.

f) Stellas Blick („Eissplitter"), ihr Tritt ans Schienbein, „mit vereisten Augen und vereistem Herzen", Adrians Lüge (Heranmachen an Dato, „um was […] herauszufinden"), „ohne ein einziges Gramm Freundschaft in der Stimme" nennt sie ihn mahnend (nach langer Zeit wieder) „Adrian" – und das wiederholt, obwohl er auf „Einsneunzig" bestehen will.

g) Verweis auf die neu erzählte Märchen-Fassung *Die Schneekönigin*

Kapitel 8 | S. 69–79 Adrians Hobby Zeichnen und seine Zerstörungswut

S. 27

Ort: *Adrians Zimmer, Stellas Zimmer*

Zeitangaben: *am selben Nachmittag, kurze Zeit nach dem Besuch*

Handelnde Figuren: *Adrian, seine Mutter*

Erwähnte Figuren: *Stella, Tamar, Misses Elderly, „Der da drüben" (Dato), Adrians Vater*

Themen/Inhalte: *Adrians Selbstmitleid, Vergegenwärtigung des Nachmittags, Erinnerungen an gemeinsame Erlebnisse mit Stella (Krimiserien und nachgespielte Dialoge), Hadern mit seiner Entscheidung zum Besuch, der Kunstwettbewerb „Der Mensch in seinen Lebenslagen" und die Menschen-Fotos seines Vaters, Stella und seine Bilder, Zerstörung einiger Zeichnungen von Stellas Händen und Füßen, Schrei Adrians als Reaktion auf die Sorge seiner Mutter*

b)

niedergeschlagen *hitzköpfig* *wutentbrannt*

zerstörerisch *wehleidig*

zurückgezogen *verbittert* *eingeigelt*

unkontrolliert *enttäuscht*

Hinweis für die Lehrkraft: Die angedeuteten georgischen Wachtürme beziehen sich auf die Doppeldeutigkeit der „untergegangenen Welt“. (S. 68)

c) Adrian verbindet die Erinnerung an Stella mit dem Thema des Kunstwettbewerbs. Er findet, die Erinnerung passe nicht mehr zu ihm, seiner Situation usw. Beim Betrachten der Stella-Zeichnungen kommt wieder Wut auf. Es bereitet ihm Genugtuung, die Zeichnungen zu zerreißen – eine Art Ersatzhandlung.

Kapitel 9 | S. 80–89 *Adrians Wut- und Frustanfall*

S. 28

Ort: *Adrians Zimmer, Treppenhaus*

Zeitangaben: *am selben Nachmittag, nach dem Besuch*

Handelnde Figuren: *Adrian, seine Mutter*

Erwähnte Figuren: *Misses Elderly (Helene), Stellas Mutter, Stella, „dieser Idiot“ (Dato)*

Themen/Inhalte: *Versuche der Mutter, Adrian zu helfen und zu beruhigen; Hormon-Plan; leidvolle Erfahrung der Mutter mit ihrer Körpergröße (Schule), Adrians „Rekord“-Gedanken; Eifersucht auf Dato; Misses Elderlys Versuch, Adrian zu besuchen*

b) Damit meint er die Zeit mit Stella, in der sie immer wieder neue Größenrekorde für ihn gefunden hatte.

c) „Hormonblick“ meint den Ausdruck, den die Augen seiner Mutter annehmen, wenn es um ihren Wunsch geht, Adrian eine Hormonkur machen zu lassen. Der Blick umfasst eine stumme Bitte, fast ein Flehen, zumal es wegen Adrians Alter (seit kurzem 14) bald zu spät dafür sein würde. Adrian lehnt den Plan wiederholt und lautstark ab.

d) **1.** „höchster Schornstein der Welt“ (Kamin eines Kohlekraftwerks in Kasachstan)
2. „größte Schlange der Welt“ (Anakonda, mehr als neun Meter)
3. „längster Fluss der Welt“ (Nil, ca. 7000 km)
optional: **4.** „größte benutzte Schuhgröße“ (Gr. 58)

e) **1.** „[...] wie sie innerhalb von Sekunden zu bleichem Schnee wurde und sich nicht die Ohren, sondern das Herz zuhielt.“ (S. 30, Z. 22–24)
2. „Es war ein schwacher mütterlicher Versuch, den aufgebrachten Sohn rückgängig zu machen.“ (S. 81, Z. 18–19)

f) Die zweimalige Wiederholung (eine Dreier-Figur als Stilmittel) wirkt wie ein Einhämmern der Tatsache, dass er einsam ist, dass ihm seine Mutter auch nicht helfen konnte.

Kapitel 10 | S. 90–95 *Misses Elderly und und der Porträt-„Deal“*

S. 29

Ort: *Adrians Zimmer*

Zeit: *unklar, wenige Tage später (?)*

Handelnde Figuren: *Adrian und Misses Elderly*

Erwähnte Figuren: *wenige Freunde in der Schule, Vater, Stella, „Schnösel“ (Dato), Tamar, Bestatter Gehringer, Engländer*

Themen/Inhalte: *Sorge der Misses, mehrere Anläufe für den Besuch, Adrians Fehlleistungen (Schule, Zerstörungen, ungebührliches Verhalten gegenüber seinen Eltern), Beobachtung von Stella und Dato, Deal: Porträt der Misses gegen ihr Geheimnis, Erinnerung an sein ursprüngliches Vorhaben (Porträt von Stella), Lockerung der angespannten Situation durch das Schielen (Misses), Adrians „hundsmiserable“ (S. 95) Zeichnung*

b) Sie sieht seiner Ansicht nach „die Dunkelheit der letzten Wochen, den Zorn und all das Adriansein, die Wutanfälle und [...] das wochenlange Schweigen“ (S. 91, 7–11) und er nimmt „ihre Augen verändert“ wahr: „ihr Blick kicherte tonlos.“ (S. 92, Z. 27–28)

c) Adrian soll ein Porträt von ihr anfertigen und sie würde ihm ein Geheimnis anvertrauen.

d) Erst nach Fertigstellung aller Porträts sollte Stella gefragt werden, „ganz kurz nur“ Modell zu sitzen – „ein Vorwand“, „Stella eine halbe Stunde lang einfach nur ins Gesicht zu sehen“ (S. 93, Z. 22, 26 und 28–29).

e) Richtig sind 1 und 4.

Kapitel 11 | S. 96–106 *Misses Elderlys Engländer-Geschichte und bittere Enttäuschung durch Adrian*

S. 30

Ort: *Adrians Zimmer*

Handelnde Figuren: *Adrian und Misses Elderly*

Erwähnte Figuren: *Stella, Pförtner Daniel Turpin (Engländer), dessen Frau, Märchen-Dichter Andersen, Stellas Mutter, „die Bendelianis“ (Nachbarfamilie), Tamar, Dato, Tamars Bruder, ein Toter, Ururgroßmutter*

Themen/Inhalte: *Wie Helene Maraun zu Misses Elderly wurde, Freundschaft zwischen der Misses und Tamar, Ursache der Flucht der Bendelianis (Angst vor Blutrache trotz der Unschuld des Bruders), Adrian ist niederträchtig zu Misses Elderly*

b) Sie möchte Adrian zum Schicksalsgenossen in Sachen Liebenskummer haben und Verständnis bei ihm wecken, dass die Zeit zumindest Wunden erleichtert.

c) Durch das gemeinsame Mitgefühl beim Vorlesen und Hören des Märchens wird das Weinen leichter. Somit haben auch Stella und Adrian dazu beigetragen.

d) Auch in diesem Märchen geht es um Trennungsschmerz, aber auch um ein gutes Ende. Das verbindet Misses Elderly mit ihrem eigenen Herzschmerz.

e) Adrian, Stella und deren Mutter

f) Diese zunächst glückliche, dann aber bedrückende Phase ihres Lebens soll weiterexistieren und nicht einfach nur „vorbei“ sein. Dazu gehört der von Daniel Turpin an die englische Sprache angelehnte Name, den er aus „eine ältere Frau“, für ihn also Misses Elderly, neu erfindet.

g) Richtig sind 2, 3, 4 und 5.

h) Dazu gehören Helene (Vorname der Misses), der Nachname Bendeliani, (Flucht aus) Georgien, aus vorigen Kapiteln Alter Adrians (14), Angaben zu Mutter und Vater Theiß usw. (s. Lösungsvorschlag zu S. 44 und 45)
Hinweis: Im Folgenden tragen die Schüler selbstständig weitere Ergänzungen ein.

Kapitel 12 | S. 107–116 *Weihnachten unter unglücklichem Stern*

S. 31–32

Ort: *unterwegs auf Spaziergängen, zu Hause*

Zeit: *Weihnachtszeit, einige Tage vor Heiligabend und am 24.12.*

Handelnde Figuren: *Adrian, (Tamar wird von ihm beobachtet), Adrians Eltern*

Erwähnte Figuren: *Lehrer, Verwandtschaft und Bekannte, die sich Weihnachten zeigen oder schreiben, Misses Elderly*

Themen/Inhalte: *Adrians Einsamkeit, Spaziergänge als „Versteck" Adrians, Gedanken an die Märchen-Figur Gerda, Weihnachtstradition im Hause Theiß, die aktuelle langweilige Krippenveränderung des Vaters, Adrians Sorgen vor Heiligabend*

b) Nur die Zeit mit Stella war ihm bislang wichtig: der Austausch der Geschenke, „ein Augenleuchten" (S. 115, Z. 21) nur für ihn.

c) Richtig sind 1, 2, 5, 6 und 8.

d) *gerne alleine – kritisch (Weihnachten) – „verträglich" (108)*
zurückhaltend – unempfindlich – „friedlich" (108) – nicht nachtragend – rücksichtsvoll – humorvoll – „leicht zu erfreuen" (109)
groß und schwer(gewichtig) – nicht krisentauglich (Bezug zum Zitat)
evtl. leichtgläubig – evtl. zu wenig durchsetzungsfähig

e) Er bewundert Gerdas Mut und Selbstlosigkeit, indem sie sich allen Gefahren stellt und sich selbst nicht in den Vordergrund stellt. Ihr Ziel, Kay zurückzuholen, schützt sie vor allen Hindernissen, Witterung und Selbstmitleid. All das trifft auf Adrian nicht zu.

f) Adrian könnte Stella Zeichnungen von ihr, die er evtl. noch übrig hat, schenken. Das „eine" Geschenk kann Stellas Anwesenheit sein, ihre Zuneigung oder eine Zärtlichkeit.

g) Es ist kurz vor Heiligabend und damit die Zeit vor der bislang glücklichsten Stunde dieses Festes: die Geschenkübergabe mit Stella und die Zeit danach („einfach nur dasitzen", „Augenleuchten" als „Programmpunkt" [S. 115]). Nun wird dieser wichtigste ein fehlender Teil des Festprogramms – die Trennung von Stella wird ihm schmerzlich bewusst.

Kapitel 13 | S. 117–129 *Heiligabend – eine unschöne „Bescherung"*

S. 33

Ort: *Wohnung der Familie Theiß*

Datum/Tageszeit: *24.12., abends*

Handelnde Figuren: *Adrians Mutter, Adrians Vater, Großeltern (väterlicherseits), Großmutter (mütterlicherseits); Irene, Adrians Tante und Schwester seiner Mutter; Veit, Stellas Stiefvater, dessen Tochter Olivia; Misses Elderly*

Erwähnte Figuren: *Stella, zu Misses Elderly: „blöde neue Freunde" = Familie Bendeliani (127), reale Sänger Tallest Man on Earth und Bob Dylan*

Themen/Inhalte: *schwieriger Heiligabend für Adrian, Olivias Indiskretion und Irenes Unbesonnenheit; Misses Elderlys Besänftigungsversuche*

b) **Geschenke von Stella:** „Großgeschenke" (S. 122) wie Plastikpalme, große Schokolade (300 g), King Kong – Poster
Adrians Geschenk: Zeichnung von Stellas Hand
Stellas Reaktion darauf: Sie berührt das Bild mit ihrem Zeigefinger, fast so, als könne sie es nicht fassen.
Stellas „Abstand" (S. 122, Z. 19–21): Spontan wendet sie sich Adrian zu, fasst sein Gesicht mit beiden Händen und kommt ihm nahe („Abstand eines ungeküssten Kusses. Der größte Abstand von allen" [S. 122]).
Adrians Gefühl: „diese gute, schmerzende Welle aus Hunger und Schreck und fiebrigem Herzen" (S. 122), ein heftiger Anflug von Sehnsucht und Liebe
Stellas Geschenk für Adrian: CD von *The Tallest Man on Earth*
„in eine neue, lodernde Welt geschoben": in Liebe entflammt

c) Verweis auf die Themenseite 53

d) „Stella lässt schöne Grüße ausrichten [...] leider verhindert, aber na ja, sie ..." (S. 126, Z. 27–28)
Stellas Stiefschwester Olivia setzt sich in Szene und verlautbart völlig indiskret die Abwesenheit von Stella und will diese auch noch kommentieren.

e) „Wenn du wenigstens reden würdest. Wenn du ihr sagen könntest, dass du in sie ..." (S. 128, Z. 10–11),
„Rede!, sagte sie." (S. 128, Z. 32)
„Sprich endlich! Einsneunzig, bitte." (S. 129, Z. 1–2)

Kapitel 14 | S. 130–136 *Stille, tödlich kalte Nacht*

S. 34–35

Ort: *Adrians Zimmer, vor der Terrassentür der Marauns, Terrasse, Wohnzimmer der Familie Theiß*

Jahres-/Tageszeit: *Nacht vom 24.12. auf den 25.12.*

Handelnde Figuren: *Adrian, Adrians Vater*

Erwähnte Figuren: *Tallest Man, Gäste, Misses Elderly, Stella, Dato, Andersens Märchenfiguren Gerda und das Mädchen mit den Schwefelhölzern*

Themen/Inhalte: *CD von Tallest Man hören; vor der verschlossenen Tür der Marauns (Wo ist Stella?); Gedanken an die Märchen-Figur Gerda (ohne Schuhe in der Kälte), allmähliches Erfrieren auf der Hollywoodschaukel; keine Lebensmüdigkeit, sondern sich dem Weiterwachsen entziehen; Rettung durch den Vater*

b) In der Heiligen Nacht, der kältesten des Jahres, begibt sich Adrian, nur mit Jeans und Pullover bekleidet und ohne Schuhe, auf den Weg zu Stella. Vergeblich versucht er, die Küchentür zu öffnen. Aber sie ist verschlossen.

c)

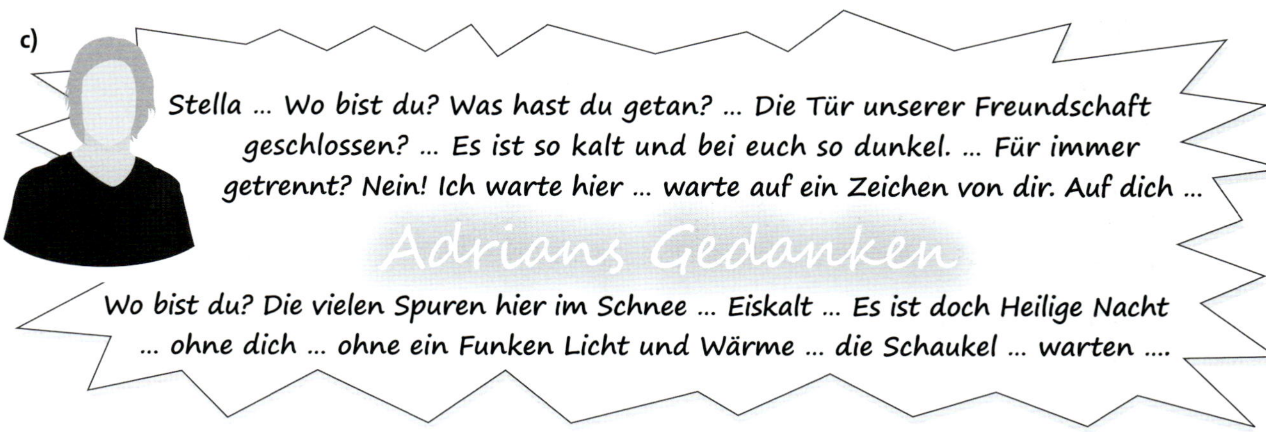

d) Gerda lässt sich durch nichts von ihrem Ziel abbringen, auch von der Kälte nicht. Beide, sie und Adrian, sind ohne Schuhe im Schnee.

e) Adrian ist alleine und dabei, ohne einen Abschied „zu verschwinden". (S. 53)

f) **Er will:** am Leben bleiben, verharren, die Kälte aushalten, bis Stella kommt, und mit ihr sprechen.
Er will nicht: mehr größer werden, weiterwachsen und nicht mehr der sein, der er ist.

g) Seine Kräfte schwinden und er ist dem Erfrieren nahe. Er fühlt und hört schwach, wie ihn jemand anspricht, auf die Füße bringt, mit Mühe ins Wohnzimmer bringt. Es ist sein Vater.

Kapitel 15 | S. 137–140 *Elterliche Fürsorge*

S. 35

Ort: *Wohnzimmer, Adrians Zimmer*

Jahres-/Tageszeit: *25.12./nachts und morgens*

Handelnde Figuren: *Adrians Eltern, Adrian, Arzt*

Themen/Inhalte: *Der aktive fürsorgliche Vater, die in Schranken gewiesene Mutter, die allmähliche Wiederkehr der Körperwärme, Adrians dünner Körper, Geborgenheit und Pflege, Eltern wie das Heilige Paar in der Krippe neben seinem Bett, ein schönes Gefühl*

b) Richtig: *Galgenhumor* und *Sprachwitz*

c) Er empfindet wie ein Kind, fühlt sich geborgen und von seinen Eltern gehalten. Das zaghafte Gefühl der Zuneigung zu seinen Eltern macht sich in ihm breit. Seine Mutter sieht er mit einem anderen, milden Blick.

Kapitel 16 | S. 141–146 *Krankheit und der Umgang damit*

S. 36

Ort: *Adrians Zimmer*

Daten: *27.12./28.12./30.12.*

Handelnde Figuren: *Adrian, Adrians Eltern, Misses Elderly, Arzt, Stellas Mutter, Mitschüler Till, Tamar, Stella*

Themen/Inhalte: *Adrians Erkrankung (Lungen- und Rippenfellentzündung), Tabuisierung der Heiligen Nacht, Nachbarschaft weiß von Adrians Krankheit, Besuch von Misses Elderly (mit Skizzenblöcken), Besuche von Frau Maraun, dem Klassenkameraden Till und täglich von Tamar, die ihn mit einem Gesundheitstee „mitpflegt", sowie von Stella*

b) Es ist immer jemand für ihn da, beide nehmen Rücksicht auf ihn. Die Eltern sind sich einig und vertagen die Festessen mit Notlügen. Ansonsten verhalten sie sich sehr still („Elternschweigen" [S. 143]).

c) Sein Vater legt sich Erklärungen zurecht: Adrian ohne Absicht auf der Schaukel, Suche nach ihm wegen des verschlossenen Zimmers.

d) Das Schweigen über diese Nacht und die anschließende fiebrige Krankheit lassen Adrian an der Faktenlage zweifeln. Es ist zugleich auch ein Versuch der Verdrängung, der gesundheitsförderlich sein kann. Am Ende des Kapitels ist beschrieben, dass ihm der Gedanke an die Nacht unangenehm ist und er sie verdrängt.

e) Adrian wird als „ein bisschen geschrumpft" bezeichnet. Er sehe „tot" aus. Adrian reagiert trotz heftigen Hustens flapsig darauf: Er hätte doch registriert, wenn er tot wäre. Beide scheinen wieder zu ihrer alten Beziehung zu finden.

f) Tamar tut ihr Bestes, um Adrian wieder auf die Beine zu helfen. Vermutlich stellt sie einen Zusammenhang zwischen dem Liebeskummer und der Krankheit her. Zudem ist sie durch Misses Elderly grob informiert. Wie eine „Teewächterin", eine Anspielung auf die swanetischen Wachtürme, hat sie ein Auge auf Adrians Genesung.

g) Es klopft und Adrian erwartet seine Teeköchin Tamar. Es ist jedoch Stella.

Kapitel 17 | S. 147 *Die Liebe zwischen Stella und Dato*

S. 37–38

Ort: *Adrians Zimmer*

Daten: *30.12.*

Handelnde Figuren: *Adrian, Stella*

Erwähnte Figuren: *Misses Elderly, Olivia, Dato, Adrians Eltern*

Themen/Inhalte: *Schwieriges Gespräch zwischen Stella und Adrian, Stella und Dato lieben sich, Datos swanetische Lieder, Dato hat Stella bereits vor ihrem ersten Besuch gesehen, Adrians Abtauchen unter der Decke; Jammer und tiefer Kummer, dennoch eine gewisse Linderung; „Wiederauferstehung" mit großem Hunger, Mithören der Unterhaltung seiner Eltern über die mögliche Absicht hinter der Schaukel-Nacht; Adrians Erklärung und Kollaps*

b) Der Husten ist für ihn wie ein Schutzwall, da er sich im Grunde vor der Begegnung und dem Gespräch mit Stella fürchtet. Er „begann zu husten, immer lauter und mit immer tränenderen Augen [...] und flehte insgeheim, dass das so weitergehen würde, für immer oder wenigstens so lange, bis Stella freiwillig ihren Posten verließ." (S. 147, Z. 8-12)

c) „Ihr Gesicht, das sogar noch hübscher war [...]" (Z. 18)

d) Zu Beginn reden die beiden über die geschlossene Terrassentür. Das endet jedoch ohne Erklärung. Dann erwähnt er Dato und fragt Stella, ob die Körpergröße der Grund für Stellas Interesse an ihm sei. Er spricht flapsig die Idee einer Beinamputation an. Das Gespräch stockt. Schließlich weint Stella. Sie halte das nicht mehr aus, sagt sie wiederholt und will wissen, warum er nicht rede. Stella gesteht ihre Liebe zu Dato und dass er diese erwidere. Adrian fühlt sich ins Uferlose fallen. Stella meint, sie möchte mit Adrian über Dato sprechen können. Sie bewundert seine traurigen Lieder aus Swanetien, die er singen kann, obwohl er das Land nicht kennt. Außerdem schätzt und mag sie Datos Familie, was sie sich für Adrian auch wünscht. Sie erklärt, dass Dato sie bereits vor dem Besuch mit Adrian wahrgenommen hatte. Es bleibt daher offen, ob bei Dato Liebe auf den ersten Blick im Spiel ist. Adrian verkriecht sich unter seiner Decke und taucht für Stella ab. Als er wieder hervorschaut, ist Stella nicht mehr da.

e) Lösungen vgl. zu SH S. 47

f) Der Vater wirkt beruhigend und besänftigend auf Adrians Mutter ein und will sie überzeugen. Doch sie steigert sich in den Suizid-Plan ihres Sohnes hinein. Adrian hört das Ganze und erklärt seine Sicht, dass er nicht sterben wollte.

g) Adrian kollabiert vor seinen Eltern.

S. 38–39

Kapitel 18 | S. 157–163 *Adrians Neuanfang und der Überraschungsbesuch bei den Bendelianis*

Ort: *Adrians Zimmer, im Freien, im Nachbarhaus*

Mögliche Daten: *31.12. sowie 9. oder 10. Januar*

Handelnde Figuren: *Adrian, Adrians Eltern, viele Menschen bei den Bendelianis, die „Leiche"*

Themen/Inhalte: *Adrians Erholung, erster Spaziergang, ungeplanter Besuch bei den Bendelianis, die „Leiche" lebt*

b) Misses Elderlys „Deal" steht in Verbindung mit dem Wunsch, dass Adrian sich wieder auf etwas Positives besinnt, was ihm wichtig ist und ihn bestärkt. Adrian beginnt, ein Porträt von ihr anzufertigen.

c) Er befühlt das schöne Papier und schlagartig fasst er wieder Mut und Hoffnung für die Zukunft.

d) Aus einem inneren Drang heraus beginnt er das Porträt von Misses Elderly.

e) vgl. Lösungen zu SH, S. 54

f) Er schließt mit den unguten Gefühlen in Bezug auf Misses Elderly ab und konzentriert sich auf ihre positiven Seiten.

g) Nachbarn/Bendelianis

h) Er findet die „Leiche“, die in diesem Moment die Augen aufmacht.

Kapitel 19 | S. 164–171 *Der Eindringling*

S. 39–40

Ort: *Bei den Bendelianis*

Mögliche Daten: *9. oder 10.1.*

Handelnde Figuren: *Adrian, Tamar, Wachtang, Dato, Stella, Misses Elderly*

Erwähnte Figuren: *gesamte georgische Familie der Bendelianis*

Themen/Inhalte: *Adrians Eindringen in Walikos Zimmer, Tamar erzählt die Familien- und Fluchtgeschichte, Swanetien-Ersatz in Deutschland, Adrians Gefühlschaos*

b) Wachtang wird von Tamar zurückgehalten, seinen Zorn herauszulassen. Sie ist wütend auf Adrian und zitiert ihn in die Küche, die für ihn zur „Hölle“ wird.

c) Unruhen in Georgien Mitte der 90er Jahre; Blutrache

d) individuelle Recherche-Ergebnisse (Größe, Besonderheiten usw.)

e) Waliko, Tamars Vater, lebt in einer Art Heimatersatz bei den Bendelianis.

f) Waliko lebt seit mehr als zwei Jahren illegal in Deutschland und ist pflegebedürftig. In Georgien lebt seine Pflegerin, die Schwägerin seiner verstorbenen Frau. Ein Verrat würde bedeuten, dass er zu ihr, dem „Drachenweib“, zurückmüsste.

Kapitel 20 | S. 172–176 *Misses Elderlys „Kopfwäsche“*

S. 40–41

Ort: *unterwegs, zu Hause, Adrians Zimmer*

Mögliche Daten: *9. oder 10.1.*

Handelnde Figuren: *Adrian, seine Eltern, Misses Elderly*

Erwähnte Figuren: *Familie Bendeliani, Waliko*

Themen/Inhalte: *Ahnungslose Eltern, Adrians Scham, Zeichnungen, Misses Elderly redet ihm ins Gewissen und verlangt Entschuldigung bei den Nachbarn, Adrian beginnt das Porträt von Misses Elderly*

b) Misses Elderly erfährt durch die Freundschaft mit Tamar vieles über die Familie, ihre Herkunft und ihre Probleme. Sie ist mit ihnen tief verbunden. Obwohl auch sie über Adrians Verhalten im Nachbarhaus erbost ist, nimmt sie ihn dort in Schutz.

c) „Verrat“ heißt Preisgabe, etwas Geheimes weitersagen usw. Der Begriff ist eng damit verbunden, jemanden in eine missliche Lage zu bringen. Adrian vergleicht den Begriff mit dem Verhalten des Engländers Misses Elderly gegenüber. Misses Elderly verbindet mit einem Verrat an Familie Bendeliani eine große Gefahr.

d)

„das einzige, das faltige, das unergründliche Gesicht" (Z. 27–28)
einzigartig, unverwechselbar, individuell, besonders
runzlig, alt, vom Leben gezeichnet, erfahren, altersweise (?)
rätselhaft, nicht festlegbar, undurchschaubar

Fazit: Adrian nimmt Misses Elderly viel genauer als bisher wahr.

Kapitel 21 | S. 177–185 *Glücksbringer Adrian zum georgischen Neujahr*

S. 41

Ort: *Wohnung Theiß, im Freien, bei den Nachbarn*

Mögliches Datum: *Mitte Januar/Nacht vom 13. auf den 14.1.*

Handelnde Figuren: *Adrian, unzählige Menschen bei den Bendelianis, Tamar, Wachtang, Waliko, Misses Elderly, Nino*

Erwähnte Figuren: *Eltern, Stella*

Themen/Inhalte: *Ausgang der Eltern; Adrian folgt innerem Drang, zu den Nachbarn zu gehen; georgisches Neujahrsfest; Adrian ist Mekwle für das neue Jahr; bei Waliko*

b) Der erste, der am Neujahrstag zu Besuch kommt, ist ein Glücksbringer für das ganze Jahr. Diese mystische Figur heißt Mekwle.

c) Nach georgisch-orthodoxer Tradition ist der Neujahrstag zwei Wochen später als z. B. in Deutschland.

d) Er will sich vielleicht bei Waliko entschuldigen.

e) Sein sehr schlechtes Gefühl in Bezug auf sein Eindringen lässt ihn nicht los. Er möchte sich davon befreien.

Kapitel 22 | S. 186–195 *Das Geheimnis in der Welt*

S. 42

Ort: *Bei Waliko im Haus der Bendelianis*

Mögliches Datum: *14.1.*

Handelnde Figuren: *Adrian, Waliko, Wachtang, Tamar*

Erwähnte Figuren: *Stella, Dato*

Themen/Inhalte: *Adrian redet und gesteht beim Trinkritual seine Liebe zu Stella, Tamars Fürsorglichkeit (auch für Adrian), Adrians neuer Lebensmut*

b) Er ermutigt Adrian zum Reden und öffnet dadurch eine „Tür" zu seinem Innersten.

c) S. 109, Z. 30: „Ich bin verliebt in Stella Maraun."

d) Waliko spricht und versteht kein Deutsch. Jedoch versteht er intuitiv Adrians Kummer, seine Beschwernis. Er erkennt, dass es für Adrian wichtig ist, zu erzählen, sich freizureden.

e) Es ist gesagt und damit aus ihm heraus. Es, das bisherige Geheimnis, ist nun keines mehr, sondern quasi enthüllt und existent.

f) *„Supra"* ist ein georgisches Trinkritual.

Ara!
Nein!

Tschatscha!
Alkohol (georgischer Wodka)

Gaumarjoschos!
Prost!

Hinweis: georgisches Wörterbuch im Internet nutzen

Kapitel 23 | S. 196–206 *Wahre Freundschaft*

S. 43

Ort: *Terrasse der Zwillingshäuser (Hollywoodschaukel)*

Monat/Dauer der gesamten Handlung des Romans: *April/etwa ein halbes Jahr*

Handelnde Figuren: *Adrian, Misses Elderly, Stella*

Themen/Inhalte: *Adrian findet zu sich, auf der Schaukel mit Misses Elderly, Stellas Überraschungsbesuch, das Buch als Freundschaftszeichen*

b) Er sieht ein, dass man einige Erfahrungen durchmachen muss, um daraus den Wert des Lebens, die Bedeutung von Freundschaft, Nächstenliebe, Ehrlichkeit und vieles andere zu lernen. Adrian weiß nun, dass das Leben weitergeht.

c) Zwischen den beiden besteht eine Distanz, die sich auch in den gequälten, gezwungenen Handzeichen zum Gruß zeigt.

d) Eines Tages im April wagt sich Adrian zu Misses Elderly, die seit der schlimmen Nacht nicht zum ersten Mal auf der Schaukel ist. Es wird deutlich, dass sie darauf gewartet hat. Ein witziges Wortspiel mit dato/Dato ergibt, dass Adrian Misses Elderlys Verständnis für die Abneigung gegen Stellas Freund erkennt. Sie wiederum ist erstaunt über Adrians gutes Aussehen. Bevor sie weiterreden kann, taucht Stella auf. Das anfangs etwas zaghafte Gespräch entwickelt sich doch wieder zum alten Humor hin. Adrian erhält ein Geschenk, das er aber erst aus der Tüte nimmt, als Stella bereits weg ist. Ein abgenutztes Schulheft kommt zum Vorschein, das Stellas Handschrift trägt: *Das weltberühmte Buch der großwüchsigen Dinge*. Die erste Eintragung datiert vom „30. Mai 2010". Es enthält die von Stella gesammelten Rekorde, z. B. auch Ende November: „[...] Größter Volltrottel der Welt: Adrian Theiß." (S. 204). Vor allem aber erkennt er die freundschaftliche Zuneigung Stellas unter den Aufzeichnungen: „Für Einsneunzig [...] Mit Hochachtung." (S. 206).

f) Vgl. Lösungen zu SH, S. 47

g) Er wird von Stella wieder mit seinem Spitznamen angesprochen. „Hochachtung" gehört in die Reihe witziger Begriffe, die Stella und er für seine Größe benutzen. Der alte freundschaftliche Humor ist wieder vorhanden.

h) Vgl. Lösungen zu SH, S. 44–45.

i) Damit kann eine abschließende Rückschau und Zusammenführung der Themen gestaltet werden.

Kulisse und Figuren

Erzählte Zeit

Jahr:

Dauer der Handlung:

Gebäude wie „ siamesische Zwillinge“

Misses
Elderly
= Helene Maraun

„Schneekönigin“

Familie Theiß

Adrian
14 Jahre alt
groß wüchsig
zeichnet gern

Mutter
großwüchsig → Sorge
→ Hormonbehandlung
für Adrian

Vater
Geschichtsprofessor
besonnen
Helfer in der Not
(groß und schwer)

Vorlesen

Familie Maraun

Stella
Freundin
nennt Adrian: Einsneunzig
Buch der großwüchsigen Dinge

Mutter

Stiefvater Veit
seine Tochter Olivia
Besonderes: gemein, falsch, taktlos, älter als Stella

The Tallest Man on Earth
CD (Stellas letztes Geschenk)

Gemeinsame Kindheit auf der Terrasse

S. 44–45

± 2013

ca. 6 Monate

Das Dreitoten haus (oder Vier ...?)

Ein mit einem Fluch beladenes Haus?

Freundschaft

Familie Bendeliani

Tamar = „Dediko" (Mama)

Wachtang = Vater

Dato = Sohn
in Deutschland geboren
Alter: 15–16
Besonderes: gutaussehend, etwas größer als Stella

Waliko = Großvater, alter, kranker Mann
seit über 2 Jahren in Deutschland (illegal)

Nino = Tochter
Alter: ca. 5–6 J.

Flucht aus Georgien Mitte 90er

24.12.

Heilige Nacht = kälteste Nacht des Jahres

Adrians Wahrnehmung: Ein *Eissplitter* und die Folgen

S.46

➲ **Aufgabe: Lückenwörter in den Text- oder Zitatstellen**

Adrian

S. 106, Z. 15: Zu Misses Elderly: „Deine Enkelin hat ja jetzt was Besseres zu tun."

S. 64, Z. 20–23: „[...] ihre Augen, ihr Blick, und [...] dieser Eissplitter [...] Stellas Augen und Herz so kalt [...]"

S. 48, Z. 11–13: „Abgesehen von diesen Haltestellen momenten war Stella aber einfach nicht mehr vorhanden, ein flockiger Wind hatte sie mitgenommen, ein Schnösel"

S. 42, Z. 20–21: „[...] Adrian sah den Maß-geschneiderten in Stellas Augen [...]"

S. 41, Z. 14: „Dann reichte der Dato-Schnösel Stella das Glas [...]"

S. 38, Z. 31–32: „Wieso hatte Stella gelacht? [...] Adrian fühlte Wut [...]"

S. 36, Z. 12–14: „Adrian bohrte seine Turnschuhspitze in den Schnee und stieß ihn [...] wütend nach oben [...]"

S. 34, Z. 18–22: „[...] hätte er später schwören können, dass das die Sekunden waren, in denen Stella Maraun [...] den Eissplitter ins Auge bekam, die Sekunden, in denen Adrians Leben zu wackeln anfing."

S. 21, Z. 1–3: „[...] diese kleinen Hoffnungen, die sich sagenhaft gut anfühlten und entsetzlich zugleich [...]"

Stella

S. 152, Z. 30–32: „Weißt du noch, wie wir damals geklingelt haben? Da kannte mich Dato schon, da hatte er mich schon gesehen."

S. 151, Z. 18–19: „Es tut mir leid, sagte sie. Ich bin in Dato verliebt. Und er in mich."

S. 52, Z. 27: „Adrian, du bist's, sagte Stella und klang enttäuscht [...]"

S. 48, Z. 5–9: „Immerhin hatte sie [...] an der Schulbushaltestelle mit ihm gesprochen. Adrian war jedes Mal urplötzlich nach Hause gegangen, weil sie über nichts anderes als die neuen Nachbarn reden wollte [...]."

S. 35, Z. 14–15: „Stella sah immer noch so aus, als hätte sie eine Erscheinung gehabt."

S. 18, Z. 22–28: „Einsneunzig. Als ein paar Leute [...] in der Schule angefangen hatten, ihm diesen Namen hinterherzu-rufen, [...] da war Stella auf die Idee gekommen, Adrian zu Hause auch so zu nennen, damit es gar nicht erst wehtat [...]. Damit es nichts war."

S. 15, Z. 25–27: „[...] Stella, die seit ein paar Jahren die größten und längsten Sachen aller Zeiten für ihn auswendig lernte, die großwüchsigen Dinge"

Gemeinsamkeiten

Adrians Erinnerungen

S. 122 Stichwort für Geschenke: Großgeschenke

S. 71 Stichwort für besondere Nachmittage: Kriminachmittage

S. 25, Z. 1–2: „[...] als Stellas Großmutter die Märchen vorgelesen hatte, in den schönsten Jahren [...]"

S. 16, Z. 6–8: „[...] *glüüüüücklich* [...], weil einen [...] ein Anderer dazu gebracht hatte, dass man sich selber mochte."

S. 12–13 Z. 31–Z. 2: „Terrasse [...] wie eine vollkommen lebensnotwendige Brücke."

Vorhaben für die Zukunft

S. 28 Stichwort für das geplante Vorhaben: Mission

S. 30 Worum geht es bei diesem Vorhaben? Leichenbeweis

Wie nennt deshalb Stella das Haus der Nachbarn? Viertotenhaus

Adrians Gefühle: Die Entwicklung des Herzschmerzes

S. 47

➲ **Aufgabe**

a) Fülle die Lücken der folgenden Zitate aus.

1 S. 32, Z. 30:
„[...] mit gut gewärmten Herzen [...].“

2 S. 43, Z. 23 – S. 44, Z. 3:
„Ihre Häuser [...] wie siamesische Zwillinge, die sich ein einziges Herz teilten, [...] die alte Hollywoodschaukel.“

3 S. 47, Z. 12–13:
„Zeichnen war die geheimste Art, Stella Maraun zu streicheln.“

4 S. 55, Z. 32 – S. 56, Z. 1:
„[...] immer noch diese Schwere, in seinem Bauch, seiner Brust [...].“

5 S. 69, Z. 8–9::
„[...] das eigene Herz, wie es müde applaudiert, herzlichen Glückwunsch [...].“

6 S. 71, Z. 3:
„Das lächerliche Herz, das schwer nach unten fiel.“

7 S. 73, Z. 28–29:
„Hätte es nicht genügt, zu sagen: Stella? Liebe, liebe Stella?“

8 S. 88, Z. 12–13:
„[...] und sein gekrümmtes Herz [...]“

9 S. 104, Z. 25–26:
„[...] dieses Nichtmehrwollen, dieses flüssige Herz, das allmählich aus ihm heraustropfte.“

10 S. 123, Z. 4–5:
„Adrian Theiß, beinahe geküsst von Stella Maraun, angeatmet, umhandet [...].“

11 S. 128, Z. 10–11:
Misses Elderly: „Wenn du ihr sagen könntest, dass du in sie [...].“

12 S. 153, Z. 21–22:
„[...] Traurigkeit [...] in seinen Armen und Beinen und seinem unnützen Herzen.“

13 S. 189, Z. 30:
Adrian zu Waliko: „Ich bin verliebt in Stella Maraun.“

14 S. 205, Z. 31 – S. 206, Z. 2:
„[...] dass man sein Herz immer wieder bei jemanden ablegen durfte wie einen schweren, müden Kopf [...], bis man wieder am Leben war [...].“

Trage hier dein Symbol ein.

zum Beispiel:

b) Wie verändert sich Adrians Blick auf seine Zukunft (S. 205–206)?

c) Warum bekommt Adrian von Stella die CD von *The Tallest Man on Earth* zu Weihnachten?

Vielleicht findet Stella das Pseudonym The Tallest Man on Earth witzig, weil Adrians Größe von den beiden Freunden auch immer auf die Schippe genommen wird.

Lösungsvorschläge

Themen und Motive

➲ **Aufgabe:** Ergänzungen – individuelle Lösungen

S. 48

Das Märchen-Motiv: Die Schneekönigin

➲ **Aufgaben**

S. 52

a) Als lesebegleitende Hilfe können folgende Überschriften evtl. in veränderter Reihenfolge angeboten werden:

Z. 1–6: Die Spiegel-Splitter – Z. 7–15: Großmutter Geschichtenerzählerin zweier Nachbarskinder – Z. 16–19: Die Schneekönigin – Z. 20–26: Kay und der Splitter des Zauberspiegels – Z. 27–45: Entführung Kays durch die Schneekönigin – Z. 46–66: Verzweifelte Gerda – Z. 67–86: Gerda und die alte Frau – Z. 87–100: Aufbruch ohne Schuhe – Z. 101–154: Helfende Krähen und die Enttäuschung – Z. 156–170: Gerda und das Räubermädchen – Z. 171–210: Abschied und Weiterreise mit dem Rentier – Z. 211–220: Eiskalter Garten in den Finnmarken – Z. 222–225: Im Schloss der Schneekönigin – Z. 226–239: Kay und die Eisbrocken-„Schrift" – Z. 240–245: Der kalte Kay – Z. 245–255: Gerdas Trauer und Kays Verwandlung – Z. 255–257: Lösung der Aufgabe und Aufbruch – Z. 259–281: Wiedersehen mit den ehemaligen Helfern – Z. 282–289: Heimkehr im Sommer als Erwachsene

b) Drei Verbindungen: Großmutter als Geschichtenerzählerin (beide); Gerda wie Adrian in Strümpfen in der Kälte; Kay wie Adrian erkaltet usw.

c) Als die Großmutter von der Schneekönigin erzählt, nimmt Kay eine schöne Frau aus Eis, aber lebendig wirkend, wahr.

d) Der Teufel will Gott mit einem Zauberspiegel lächerlich machen, der alles Schöne verbirgt und nur Ungutes überzeichnet. Der Spiegel zerbirst in viele Splitter.

e) **Der Splitter** trifft Kay eines Tages im Auge, ein weiteres Stück im Herzen.
In einem Sommer geht diese Wesensänderung zum Bösen hin in Kay vor, sodass er sogar die Rosen nicht mehr schön findet.
Im folgenden Winter wird er auf einem Schlitten von der *Schneekönigin* fortgenommen.

f) Adrian nimmt einen *Eissplitter* in Stellas Augen wahr. Es ist jedoch im Vergleich zum Märchen nicht sie, die sich (wie Kay) verändert, sondern Adrians Sicht wird eine andere. Auch er wird spöttisch, boshaft und verletzend.

g) Gerdas Abenteuer: im Fluss – in der Hand der Zauberin – Prinz ist nicht Kay – in der Gefangenschaft der Räuber – mit dem Rentier in der Kälte – feindliche Schneeflocken – regloser kalter Kay im Schlossgefängnis der *Schneekönigin* – das rettende Wort „Ewigkeit" aus Eisstücken

h) Adrian wird durch das Loswerden seines Geheimnisses bei Waliko, Misses Elderlys Zuwendung und vor allem durch Stellas Buch und die Widmung darin von seiner Belastung befreit.

Das musikalische Motiv: The Tallest Man on Earth

➲ **Aufgaben**

S. 53

a) Nach: *Schneeriese*, S. 7 und dem Originaltext des Songs

Kommentar: Der im Roman zitierte Text stimmt an zwei (fett gedruckten) Stellen nicht mit dem Originalsong überein. Das verändert auch die Übersetzung in den entsprechenden Zeilen.

*Vers 4: „when it all goes **your way**" (statt „away")*

*Vers 7: „When **he's** comin' down the hills for you" (statt „it's")*

b) Mögliche Ergebnisse: Balladen; Gitarrenbegleitung usw.

c) Es wird eine nachdenkliche, traurige, sehr ernsthafte Stimmung erzeugt. Auch geht es um Herzschmerz, „Weggehen", Einsamkeit. Ein „Du" wird angesprochen; so wirkt der Text für Adrian evtl. wie eine Klage an Stella. Kristian Matsson wird mit 1,70 m Größe angegeben. Für Adrians Begriffe scheint das „winzig" zu sein.

Das künstlerische Motiv: Menschen sehen und zeichnen

S. 54

➲ **Aufgaben**

a) Es ist sogar ein ganz offensichtlicher Widerspruch. Adrian geht in seiner humorvollen Art auf eine Redensart ein, die bisweilen zu hören ist. Im zweiten Satz behauptet er das Gegenteil und steigert es noch. Zeichnen ist für ihn wie ein heimliches Abtasten der dargestellten Menschen. Deshalb folgt zwei Zeilen darunter der Vergleich mit der körperlichen Berührung Stellas – eine intime Art, mit ihr zwar nicht wirklich, aber doch zusammen zu sein.

b) Er möchte Stella an einer Hand oder an einem Fuß berühren, ein erstes Zeichen für seine Zuneigung, die nun mehr wird als die bisherige enge Freundschaft.

c) Adrians Blick verändert sich zum Negativen hin. Er nimmt bei Misses Elderly „eine große, runzlige, grauschattige Sorge" (S. 57) wahr. Seine Wut und seine Gedanken zeigen seine „neue" Wesensart.

d) Außer den Menschen, die sein Vater für ihn fotografiert, möchte er Stella zeichnen.

e) Er hat Studien von Füßen und Händen angefertigt. Er traut sich nicht, Stella darum zu bitten, für ihn Modell zu sitzen.

f) Zwei Jahre zuvor schenkt er Stella diese Zeichnung, die sie befühlt, wie er es gerne in Wirklichkeit mit ihrer Hand tun würde. Die Zaghaftigkeit, mit der er ihr das Geschenk überreicht, zeigt seine aufkeimende Liebe zu ihr. Im Grunde ist das Bild eine nicht ausgesprochene Liebeserklärung.

g) Obwohl er innerlich noch von den vielen Eindrücken aufgewühlt ist, die ihm die Misses vermittelt, erkennt er ihr weises, kluges, lebenserfahrenes Wesen. Das möchte er nun mit der Zeichnung ihres „einzige[n], faltige[n] und unergründliche[n] Gesicht[s]" (S. 176) einfangen.

Eine fremde Welt: Swanetien und Georgien

S. 55

Mögliche Ergänzungen nach Recherchen: als Reiseland im Trend, politische Lage mit Russland (Südossetien), Schönheit insbesondere der Kaukasus-Region, kulinarische Genüsse, einzigartige Sprache (georgisch, mingrelisch, lasisch und swanisch sind südkaukasische Sprachen), die ebenfalls einzigartige Schrift heißt Mchedruli, die Verbindung der Religion mit dem heiligen Georg und der Orthodoxie.

Lösungsvorschläge

zu den Aufgaben im Stil des Prüfungsteils A 2

Aufgaben zum Textverständnis

S. 56

a) Der Titel wirkt märchenhaft. Nur einmal wird die Metapher Schneeriese erwähnt (S. 42; vgl. SH, S.23 I). Der bildhafte Ausdruck spielt auf die im Buch vorherrschende Jahreszeit, den Winter, und zwar einen besonders schneereichen Winter an. Der Riese bezieht sich auf Adrians Größe. Deshalb bezeichnet er sich selbst so.

b) **Situationen:** Adrian verhält sich Dato gegenüber schnippisch und ironisch: „Sind wir wegen Blumenerde gekommen?" (S. 40, Z. 31–32)
Er lässt seine Wut auf Stella an Tamar aus: „Nein!, fuhr er sie an." (S. 43, Z. 16)
Seine Äußerungen über das Dreitotenhaus und den eigentlichen Zweck ihrer Besuche, den er jetzt Stella in die Schuhe schieben will. Er behauptet, sie mache sich deshalb an Dato heran. (S. 64–65) usw.

Ursachen: Er will aus Neid wegen Datos Größe und dessen guten Aussehens und wegen seiner Eifersucht nur das Negative in und an Dato sehen. Aus Enttäuschung verhält er sich auch Stella gegenüber unehrlich und gemein. Seine Hilflosigkeit lässt ihn unbeherrscht werden, was er auch an seinen Eltern und an Misses Elderly auslebt.

c) Adrian erfährt den Grund bzw. die Ursachen der Flucht der Familie Bendeliani.
Er lernt vieles über die Kultur Georgiens und speziell Swanetiens.
Am Beispiel Walikos sieht er die Fürsorge und Verantwortung der Familie.

d) Adrian erkennt, dass sich auch während seiner „Auszeit" an der Freundschaft im Grunde nichts verändert hat. Stellas *Buch* zeigt, dass sie ihm immer noch verbunden ist. Vielleicht ist das der Beginn einer anderen Art von Freundschaft. Sein gutes Bauchgefühl zeigt, dass die Lebensgeister ihn nicht verlassen haben.

Weitere Übungsaufgaben (Schüler-Download)

SH

a) Beschreibe die Füße, die auf dem Cover des Romans Schneeriese abgebildet sind.
Welcher Romanfigur gehören sie? Stelle einen Bezug zum Titel her.
Da diese Füße in Socken stecken, gehören sie Adrian, dem *Schneeriesen*.

b) Notiere drei Textstellen, in denen sich die Figur Adrian humorvoll über ihre Körpergröße äußert.
S. 23, Z. 5–6: Adrian bekommt seine „riesigen Fußabdrücke auf dem weißen Tablett serviert" (Bezug zum Cover).
S. 26, Z. 27–29: „Tränen seiner Mutter [...], die auf seinem Kopf immer ein wenig früher als auf anderen Köpfen landeten."
S. 27, Z. 19–20: Er kann zufrieden „mit seiner Höhenluft" leben.

c) Argumentiere: Ist Adrian seine Körpergröße gleichgültig? Schreibe in ganzen Sätzen.
Seine Größe ist ihm nicht unwichtig, da er ständig damit konfrontiert wird. Zwar nimmt er sie nach außen hin locker und witzig, doch im Innersten wäre er vor allem wegen Stella gerne kleiner. Das wird ihm besonders bewusst, als sich Stella in Dato verliebt, der nur wenig größer ist als sie.

d) Begründe die Abneigung, die Adrian gegenüber Dato hat. Schreibe mindestens drei Sätze auf.
Dato sieht sehr gut aus und ist nur wenig größer als Stella.
Er geht auch nicht auf Datos Sticheleien und Angriffe ein.
Vor allem aber ist Stella in Dato verliebt und er in sie.

e) ***Das weltberühmte Buch der großwüchsigen Dinge* enthält Rekorde: Beschreibe an drei Beispielen solcher Rekorde, weshalb Stella diese Sammlung anfertigt. Notiere auch, welches das erste Datum darin ist. Schreibe in ganzen Sätzen.**
Das erste Datum ist vom „30. Mai 2010" (S. 201, Z. 28-29).
Die Rekorde, „höchste Aussichtsplattform" (S. 15), „größte Blume [...], stinkt entsetzlich" (S. 201), „Größter Volltrottel der Welt: Adrian Theiß" (S. 204), zeigen, wie humorvoll Stella mit Adrians Größe umgeht. Sie will der Körpergröße daher ihre Problematik nehmen und Adrian von möglichen Sorgen befreien. Der Eintrag von November ist ernst gemeint.

f) **Adrian zeichnet Misses Elderly. Beschreibe, zu welcher Zeit er diese Zeichnung anfertigt und welche Gründe es dafür gibt. Schreibe in mindestens drei ganzen Sätzen.**
Misses Elderly erzählt von ihrer Verteidigung Adrians bei den Bendelianis. Sie redet ihm ins Gewissen und fordert eine Entschuldigung bei der Nachbarfamilie. Er hat Sorge, dass er auch sie „verlieren" würde. Aus dieser Erkenntnis heraus fertigt er das Porträt an.

g) **Erläutere die Veränderungen, die mit Adrians Mutter vor sich gehen. Schreibe in ganzen Sätzen.**
Vor allem durch die aktive Unterstützung und Pflege seines Vaters und die Zurechtweisungen ändert sich die Mutter. Sie erkennt erst nach einem heftigen Ausbruch, dass ihr Sohn die Unterstützung der beiden braucht. Als Adrian nachts weg ist, reagiert sie nicht, wie sie es sonst getan hätte. Sie wird verständnisvoller und zurückhaltender. Die Hormontherapie wird nicht mehr erwähnt.

h) **Beschreibe die Situation, in der der Romantitel wörtlich genannt wird. Erkläre, wie es zu diesem Zitat kommt. Schreibe mindestens drei Sätze.**
S. 42: Nach dem Besuch bei Dato nimmt Adrian Stellas Zuneigung wahr. Sie machen hinterher einen Nachtspaziergang. Dort zaubert Stella mit ihrem Körper einen *Schneeengel* in den Schnee. Adrian wirkt sehr bedrückt und tut es ihr nach – allerdings als *Schneeriese* ohne Flügel.

i) **Nenne die Helferinnen/Helfer und Unterstützerinnen/Unterstützer, die Adrian während seiner Krankheit hat.**
Sein Vater, seine Mutter, Misses Elderly, Tamar, (der Arzt), im übertragenen Sinne auch Waliko

j) **Adrian fühlte seinen Bauch lächeln. Erläutere dieses Zitat auf der letzten Seite.**
Dieser Satz zeigt, dass er wieder ein gutes, schönes Bauchgefühl hat und er mit sich (und evtl. auch Stella) im Reinen ist.

Produktive Schreibaufgabe im Stil der Prüfung

a) **Markierung wichtiger Textstellen**

S. 57

Beispiel einer produktiven Aufgabe:

y) Misses Elderly kümmert und sorgt sich nach der Hollywoodschaukel-Nacht auf ihre Weise um Adrian. Er erkennt das aber erst sehr spät. Nach dem Zusammentreffen auf der Schaukel stellt er das bereits begonnene Porträt von ihr fertig. Zusammen mit einem Brief übergibt er ihr die Zeichnung. Schreibe diesen Brief im Umfang von mindestens 80 Wörtern.

b) **richtige Aussagen:**

	richtige Aussagen
❶ Du schlüpfst in die Rolle der Figur und schreibst aus ihrer Sicht einen Brief.	X
❷ Der Brief entsteht in einer Situation, in der Adrian auf Misses Elderly sehr wütend ist. *Die Beziehung verändert sich bei ihrem Wiedersehen auf der Schaukel wieder zum Besseren.*	
❸ Adrian erkennt, dass sich die Misses Sorgen um ihn gemacht hat.	X
❹ Die Zeichenblöcke sind nur ein Vorwand für einen Besuch bei ihm.	X
❺ Der Deal, den ihm die Misses vorschlägt, ist ein fauler Trick. *Zwar ist er ein Trick, aber ein gut gemeinter; doch weiß sie im Grunde, dass er sie durchschaut.*	
❻ Das Geheimnis, das sie ihm anvertraut, lässt Adrian völlig kalt. *Er zeigt seine Gefühle nicht. Er will ihr weh tun und ist in dieser Situation gemein.*	
❼ Er zeichnet das erste Porträt von ihr absichtlich so schlecht.	X
❽ Nach ihrem letzten Besuch erkennt er, wie wichtig die Misses für ihn war und ist.	X
❾ Misses Elderly weiß, was in der Nacht vom 24. auf den 25.12. passiert ist. *Die einzigen, die davon wissen, sind Adrians Eltern. Niemand sonst erfährt davon.*	
❿ Adrian entschuldigt sich bei ihr. *Ergänzung: Davon ist auszugehen – es ist aber nicht im Text erwähnt.*	X

Produktives Schreiben: So bereitest du deinen Text vor

S. 58

a) z. B.: Gründe für das schlechte Verhalten – Entschuldigung – Scham – erstes schlechtes Bild (Zeichnung) – neue Zeichnung – Veränderung in Adrian – Wiedersehen auf der Schaukel – Dankbarkeit – echte „alte" Freundin – wieder gesund usw.

b) Lösungsbeispiel

❶ Anrede, Datum: *Liebe Misses Elderly,*

↓

❷ Zeichnung (Entschuldigung für die erste schlechte)

↓

❸ Grund für die Übergabe der neuen (Klarheit, mit anderen Augen sehen, hat Recht mit „halbwüchsig")

↓

❹ *Scham wegen des Fehlverhaltens beim „Deal"-Besuch (Dank für Zeichenblöcke)*

↓

❺ *Zeichen der Freundschaft: In-Schutz-Nahme bzw. Verteidigung bei den Bendelianis*

↓

❻ *Wiedersehen auf der Schaukel (nach fast vier Monaten)*

↓

❼ *Stellas Buch*

↓

❽ *Wie neu geboren*

↓

❾ *Freunde wie in alten Zeiten?*

↑

❿ Grußformel: *Dein hochanständiger Adrian*

c) Angemessen: höchst optimistisch, highly yours (aber evtl. etwas zu ironisch wegen der Beziehung zum Engländer Taupin), hochanständig

Produktives Schreiben: Textüberarbeitung

a) Fehlermarkierung

S. 59

Im April

Liebe Misses,

entlich habe ich die Zeichnung von Ihnen vertig. Die erste war ja bescheuert, aber da war ich völlig bescheuert. Die neue hat so lange gedauert, weil es mir nicht gut geht. Aber Sie wissen ja, weshalb – ich meine, das mit der hochheiligen Nacht. Jetzt ist es aber anders. Als du mich das letzte mal besucht hast, wurde mir klar, was für ein großer Trottel ich war. + Mit 1,94m Turmhöhe kann ich ja kein kleiner Trottel sein. Das schreibt ja sogar Stella in Ihrem Buch. +
Aber Sie fragen sich, wieso ich nicht einfach rüberkomme und ihnen das alles ins Gesicht sage. Mir fällt das schon immer schwer, das haben Sie ja bemerkt, als Sie mich auf Stella angesprochen haben. Und es ist mir hochnotpeinlich, wie ich mich verhalten habe. + Dass du mir aber vertraut hast, du weißt, die Sache mit dem Verrat, war so hochanständig von dir. + Wie konnte ich nur die Augen verschließen vor allem, was du je für mich warst? + Mir ist durch dich klar geworden, dass ich fast zwei mir sehr wichtige Menschen verloren hätte. + Und plötzlich sah ich auch dich richtig! So richtig, dass ich dich zeichnen konnte, wie ich dich wirklich sehe.+ Danke für diese Augenöffnung!
Jetzt geht es aufwärts! Bei mir ja sowieso ... die Ärzte meinen bis zur Höhe von 2,07m. Da muss ich dich dann immer auf einen Stuhl stellen, um dir in die Augen zu sehen.

Dein hoffentlich ab dato (!!! – den mag ich aber immer noch nicht) +
hochwohlöblicher Adrian

b) Lösungsvorschlag

Im April

Liebe Misses,

nach gefühlt sehr langer Zeit habe ich die Zeichnung von dir fertig. Du weißt, dass die erste, die ich dir bei unserem Deal zeigte, aus meiner schwierigen Lage heraus entstand. Ich war wirklich außer mir. Aber du kennst ja die Gründe. Jetzt ist es aber anders. Als du mich das letzte Mal besucht hast, wurde mir klar, was für ein großer Trottel ich war. Mit 1,94m Turmhöhe kann ich ja kein kleiner Trottel sein. Das schreibt ja sogar Stella in ihrem Buch.
Diesen Brief schreibe ich, weil ich nicht so gut bin, ernsthafte Gespräche zu führen. Das weißt du aber als meine alte und kluge Freundin. Erinnerst du dich, als du mich auf Stella ansprachst? →

Mir ist das alles hochnotpeinlich, wie ich mich verhalten habe. Dass du mir aber vertraut hast, du weißt, die Sache mit dem Verrat, war hochanständig von dir. Wie konnte ich nur die Augen verschließen vor allem, was du mir je bedeutet hast? Es dauert eben manchmal Monate, bis man wieder klar sehen kann. Und plötzlich sah ich auch dich richtig! So richtig, dass ich dich zeichnen konnte, wie ich dich wirklich sehe. Danke, dass du mir die Augen geöffnet hast! Erkennst du dich? Jetzt geht es aufwärts! Bei mir ja sowieso … die Ärzte meinen bis zur Höhe von 2,07 m. Da muss ich dich dann immer auf einen Stuhl stellen, um dir in die Augen zu sehen.

Dein hoffentlich ab dato (!!! – den mag ich aber immer noch nicht)
hochanständiger Adrian

Weitere Übungsaufgaben

a) Zwei Lösungsvorschläge zu produktiven Schreibaufgaben (auch im Download)

SH S. 61

Brief

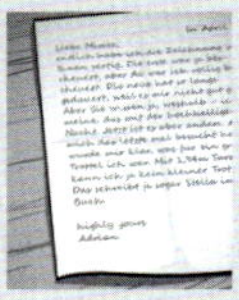

1. Adrian freut sich sehr über das Buch von Stella. Er beschließt, ihr eine Mappe mit seinen Zeichnungen von ihr zu übergeben. Verfasse einen Begleitbrief. In diesem erklärt er ihr, was ihm wichtig ist. Er teilt ihr am Ende auch mit, dass er den dritten Preis im Wettbewerb gewonnen hat. (nach Seite 206)

Schreibplan als Flussdiagramm

❶ Anrede, Datum: *Hochgeschätzte Stella,* *im April 2013*

❷ *Grund für Brief statt Gespräch*

❸ *Wiedersehen auf der Schaukel (nach fast vier Monaten)*

❹ *Dank für „Das weltberühmte Buch"*

❺ *Verzicht auf Bezahlung – vielleicht später, wenn er ein großer Künstler sein würde*

❻ *„Weihnachtsersatzgeschenk" Mappe mit Zeichnungen*

❼ *Nur ein Lächeln statt des ganzen Gesichts – vielleicht mal später ein Porträt*

❽ *Dritter Preis beim Kunstwettbewerb*

❾ *Freundschaft – auch mit den Bendelianis*

❿ Grußformel: *Dein gewesener größter Volltrottel Einsneunzig*

Lösungsvorschlag

April 2013

Hochgeschätzte Stella,

seit dem Wiedersehen auf unserer Terrasse traue ich mich wieder, dich so anzusprechen. Es ist mir aber momentan lieber, dir einen Brief zu schreiben, als ein hochkompliziertes Gespräch zu führen. Das gelingt mir vielleicht noch nicht. Dein weltberühmtes Buch hat mir ein Hochgefühl im wahrsten Sinne bereitet. Dennoch möchte ich – und du wahrscheinlich auch – nicht, dass es tatsächlich weltberühmt wird. Du hattest recht im November: Ich war ein Volltrottel. 1,94m und so doof – das kann vermutlich keiner toppen! Aber das geht nur uns beide etwas an.
Trotzdem: Ich möchte mich bei dir entschuldigen, dass ich so ausgerastet bin. Und das nicht nur bei dir! Womit ich das entschuldigen würde, weißt du selbst. Es wurde dir bei deinem letzten Besuch bei mir klar. Du weißt, als ich mich unter der Decke verkrochen habe. –
Nun aber zu meinem Geschenk ... Oder doch erst nochmals zu deinem Buch. Da steht ja noch eine Zahlungsforderung aus, oder? Sagen wir mal so: Wenn ich ein großer ☺ Künstler bin, kann ich gerne etwas rüberwachsen lassen. Aber momentan habe ich „nur" einen dritten Preis beim Kunstwettbewerb erreicht! Mein Weihnachtsersatzgeschenk war aber schon lange begonnen. Nun habe ich es fertig gemacht. Das heißt: nicht ganz! Dein Porträt ist bis jetzt „nur" ein Lächeln. Wer weiß, vielleicht wird es einmal ein ganzes Gesicht.
Bis dahin aber wäre ich hocherfreut, wenn wir uns als alte Freunde ab und zu wieder an die Zeit der großwüchsigen Dinge erinnern könnten.

Dein gewesener größter Volltrottel
Einsneunzig

Tagebuch

1. Stella schreibt im November in ihr Tagebuch, das sie neben dem *weltberühmten Buch der großwüchsigen Dinge* geführt hat. Soeben hat sie für Adrian vermerkt *Größter Volltrottel der Welt: Adrian Theiß*. Beachte, welche Ereignisse im November stattfanden. Verfasse diesen Tagebucheintrag. (nach Seite 68)

Schreibplan als Flussdiagramm

❶ Datum: *November 2012*

↓

❷ *Rekord „Größter Volltrottel der Welt“*

↓

❸ *Situation: Was ist unmittelbar zuvor geschehen? Streit bei den Bendelianis*

↓

❹ *Dreitotenhaus – Verrat*

↓

❺ *„sich an Dato heranschmeißen“*

↓

❻ *in Dato verliebt*

↓

❼ *Freunde?*

↓

❽ *Lüge und Falschheit*

↓

❾ *Zorn: Buch nicht mehr weiterschreiben?*

↑

❿ *Nicht mehr Einsneunzig*

Lösungsvorschlag

November 2012

Volltrottel! – ja, größter Volltrottel der Welt! – Wie konnte er nur? Was sollen Tamar und vor allem Dato von mir denken? Dieser Schwachsinn mit dem Dreitotenhaus, warum musste Einsn... ach was, Adrian das ausplaudern? Und dann noch trotz aller Tritte und Warnungen mir unterstellen, ich hätte mich deshalb an Dato herangeschmissen! Wie kommt er überhaupt auf so ein Wort? Was ist bloß in ihn gefahren? Kann er es nicht ertragen, dass ich mich in Dato verliebt habe? Aber wir sind doch Freunde, beste Freunde! Oder besser: Wir waren es! Und Dato, ach, Dato, er ist einfach unheimlich lieb. Wo ist Adrians Problem? Noch nie habe ich ihn so erlebt, so falsch und verlogen. ... Das weltberühmte Buch werde ich nicht weiterschreiben! Es reicht! Und Einsneunzig – das war einmal! Adrian Theiß ist und bleibt sein Name.

b)–f) Hier kann auch mit den Schreibplänen von **a)** gearbeitet werden.

Leistungsmessung

Klassenarbeit – Lernstandskontrolle

Roman *Schneeriese* von Susan Kreller

a) Stella spricht humorvoll in Bezug auf Adrians Größe. — 4 P.
Zitiere drei dazu passende Textstellen.
Erkläre mit diesen Ausdrücken die Beziehung zu Adrian.

b) Begründe Adrians Verhalten in der Heiligen Nacht. — 3 P.
Schreibe dazu drei Sätze.

c) Nenne die drei Menschen, die Adrian sehr kränkt. — 3 P.
Erkläre jeweils in einem Satz, durch welche Verhaltensweise er diese verletzt.

d) Beschreibe die Bedeutung, die Waliko für Adrian hat. — 3 P.
Schreibe drei Sätze.

e) Nach dem Wiedersehen mit Misses Elderly und Stella beschließt Adrian, sich bei den Bendelianis zu entschuldigen.
Er schreibt einen Brief an Tamar.
Darin erkundigt er sich nach Waliko, bedankt er sich bei Tamar für ihre Fürsorge während seiner Krankheit, geht er auf sein Fehlverhalten ein und bietet Tamar an, sie und Nino zu zeichnen.
Schreibe diesen Brief (mindestens 100 Wörter). — 12 P.

Lösungsvorschlag

a) Verschiedene Zitatstellen möglich, z. B.:
S. 15, Z. 23: „[...] du bist der weltweit höchste Junge, [...]“ — 1 P.
S. 18, Z. 21 und 27-28: „Einsneunzig. [...] Damit es nichts als ein Name war. Damit es nichts war.“ — 1 P.
S. 32, Z. 13-15: „Der Tod erwischt dich nie im Leben, der kommt doch gar nicht so weit hoch mit seiner mickrigen Sense.“ — 1 P.
Es genügt auch **ein** vollständiger Satz: Stella und Adrian sind eng befreundet. Sie unterhalten sich immer wieder auf diese witzig-ironische Art und sind oft auch einfach albern. Damit zeigt Stella, dass die Größe kein Problem für Adrian sein soll. — 1 P.

b) Stella fehlt bei der Bescherung und deshalb will Adrian zu ihr. Da die Verbindungstür zu den Marauns verschlossen ist, beschließt er auf der Schaukel zu warten. In der eiskalten Nacht friert er beim Gedanken an das Märchen *Die Schneekönigin* und den Song von *Tallest Man on Earth* allmählich ein. Dabei geht ihm auch durch den Kopf, dass Erfrieren auch bedeutet, dass er nicht mehr wachsen kann. — Je sinnvollem Satz 1 P.

c) **Seine Mutter:** Er schreit sie völlig zu Unrecht an.
Stella: Er stellt sie bei den Bendelianis bloß, indem er die Unwahrheit sagt.
Misses Elderly: Er tut so, als ob ihm die Vorgeschichte ihres Spitznamens völlig egal wäre.
(auch: Tamar: Er plaudert die Sache mit dem Dreitotenhaus aus.)

d) Waliko freut sich über die Gesellschaft Adrians an seinem Krankenbett. Er ermutigt Adrian, zu sprechen. Adrian erzählt, vielleicht vom Alkohol etwas „ermutigt", von seiner Liebe zu Stella. Danach fühlt sich Adrian wie befreit.

e) Bei einem zweistündigen KA-Termin sollte ein Schreibplan verlangt werden.
In der Prüfung ist dieser zwar keine Pflicht, jedoch hilfreich, wenn die Zeit dafür vorhanden ist.

Schreibplan als Flussdiagramm

❶ Anrede, Datum: *Liebe Tamar,* *April 2013*

↓

❷ *Erkundigung nach Waliko, aber auch nach Tamar*

↓

❸ *Entschuldigung:* *Verständnis für die Gesamtsituation der Familie Bendeliani nach der Erzählung von Misses Elderly*

↓

❹ *Fehlverhalten wegen Freundschaft zwischen Dato und Stella*

↓

❺ *Verrat – nie ein Thema für ihn*

↓

❻ *Adrians Situation: Zeit vergangen, Genesung*

↓

❼ *Dank für die Tee-Gaben, die ihm sehr geholfen haben*

↓

❽ *Waliko hat er sehr viel zu verdanken – Geheimnis*

↓

❾ *Als freundliches Angebot: Porträtzeichnung von Tamar und Nino*

↑

❿ Grußformel: *Herzlichen Dank und viel Glück euer Glücksbote Mekwle Adrian*

Lösungsvorschlag

April 2013

Liebe Tamar,

zuerst möchte ich mich erkundigen, wie es Waliko geht. Und wie geht es dir? Wir haben uns nun lange nicht mehr gesehen.
Warum ich einen Brief schreibe? Mir ist in der Zwischenzeit klar geworden, wie sehr ich mich danebenbenommen habe. Helene, die wir Misses Elderly nennen, hat mir noch vieles von euch erzählt, was ich nicht wusste oder ahnen konnte. Ihr müsst so vieles durchgemacht haben und seid noch immer in Angst und Sorge um deinen Vater. Es ist aber gut, dass du in Helene eine Freundin gefunden hast. Dadurch weißt du auch vermutlich Bescheid, wie die Beziehung zwischen ihr, Stella und mir war. Als sich Stella mit Dato anfreundete, dachte ich, unsere bisherige Freundschaft sei zunichte. Aus dieser Verzweiflung heraus verhielt ich mich völlig unpassend und verletzend. Das tut mir sehr leid, weil es Unschuldige getroffen hat. Es war jedoch nie meine Absicht, eure Situation irgendjemandem zu verraten.

In meiner schweren Zeit habe ich gelernt, was wirkliche Freundschaft ist. Ohne dich und andre Helfer hätte ich nicht so schnell wieder zu mir selbst gefunden. Deine Tee-Besuche waren nicht nur „Verabreichungen“. Auch deine Anwesenheit tat gut und ich wusste, dass unsere nachbarschaftliche Beziehung irgendwann eine gute würde. Aber auch Waliko zählt auf eine ganz besondere Weise dazu – doch das bleibt unser beider Geheimnis.
Auch ich möchte etwas für dich tun. Wie findest du die Idee, dass ich ein Porträt von dir und Nino anfertige? Alleine schon eure schwarzen Augen sind faszinierend. Lass es mich wissen. Du machst mir damit auch eine Freude.
Du fragst dich sicher, wie ich mit Dato zurechtkommen werde. Er ist mit Stella zusammen – und Stella und ich sind Freunde seit früher Kindheit. Das wird schon irgendwie zusammengehen. Außerdem: Wer dein Sohn ist, kann kein schlechter Mensch sein, Tamar.

Ich hoffe also auf eine gute nachbarschaftliche Freundschaft!
Das bin ich euch als Mekwle schließlich schuldig, oder?

Herzlichen Dank und liebe Grüße
euer Glücksbote Adrian

Vorschlag für einen Bewertungsschlüssel zum Schreibmodus Brief

Zu vergeben sind 12 P. (Orientierung: Musteraufgabe des Ministeriums)

Form (Schreibkonventionen, äußere und innere Darstellung)		
Darstellung	Tinte, Nutzung der Linien (Bündigkeit), sorgfältige Korrekturen	
Innere Form	Gliederung (Planung), Aufbau	2 P.
Schreibkonventionen	Brief: Anrede, Grußformel, evtl. Datum, Absätze, Leerzeilen	
Sprache		
Grammatik	Gr (Modus, Kasus usw.) Sb (Satzbau, Wortstellung)	3 P.
Stil	A/St (Ausdrucksfehler, Stilebene) – Verzicht auf Nacherzählung	
Inhalt		
Situation	hier: nach einigen Monaten	1 P.
Vorgeschichte	hier: Krankheit und Genesung usw.	1 P.
Brief: Persönlicher Bezug zum Adressaten	hier: Dankbarkeit für Hilfe in der Krankheit Entschuldigung für Fehlverhalten	2 P.
Wichtige Details	Waliko, Mekwle, Dato und Stella, Misses Elderly	3 P.
Rechtschreibung (wird vermutlich nur bei mangelhafter Leistung mit bis zu 3 Punkten Abzug berücksichtigt) Beachten Sie die Korrekturhinweise zur Prüfung.		

Hinweise für die Prüfung und die Prüflinge

- Die Prüfungsdauer beträgt 180 Minuten. Es entfallen 90 Minuten auf den Pflichtteil und 90 Minuten auf den Wahlteil.
- Im Pflichtteil wird kein Rechtschreibwörterbuch eingesetzt. Dieses wird nach der Pause für den Wahlteil ausgegeben.
- Die gesichteten (kontrollierten) Lektüren liegen für den ersten Prüfungsteil auf den Schülertischen bereit. Weiteres Material aus dem Unterricht ist nicht vorgesehen und erlaubt.
- Alle mobilen Endgeräte, auch Smartwatches, sind bei der Aufsicht im ausgeschalteten Zustand und mit Namenskennzeichnung abzugeben.
Nach der Prüfung werden sie wieder ausgegeben.
- Die Schülerinnen und Schüler sorgen vor: dokumentenechte Schreibgeräte und Nachfüllmittel (Patronen usw.), Korrekturmittel (Tintenlöscher usw.), Marker, Bleistifte usw.
- Den Hinweisen zur Durchführung der Prüfung ist zu entnehmen, welches Papier verwendet wird.
- Die Schülerinnen und Schüler versorgen sich mit „geräuschfreien“ Nahrungsmitteln, sofern diese nach wie vor erlaubt sind.
- Toilettengänge sind nach Plan möglich.
- Alle Störungen während der Prüfung können zu entsprechenden Maßnahmen führen (Bekanntgabe der Prüfungsordnung).
- Wer gut vorbereitet ist und sein Bestes gibt – also alle Prüfungsteile bearbeitet – hat günstige Voraussetzungen.

Allen Beteiligten wünschen wir einen bestmöglichen Prüfungserfolg!

Das Team des Verlags Krapp & Gutknecht